伊東マンショ、千々石ミゲル、原マルチノ、中浦ジュリアン

　1582年2月20日、4人の少年は長崎の港から、南蛮船に乗りこんだ。彼らは、日本のキリシタン大名の名代として、巡察師ヴァリニャーノらとともにローマへ旅立った。出発当時わずか13歳前後、有馬のセミナリヨの一期生であった。荒波を乗り越え、たどり着いたヨーロッパで、彼らはローマ教皇やスペイン国王に謁見し、人々の熱狂的な歓迎を受けた。そして再び長崎の地を踏んだのは、長崎の港を発ってから8年5ヵ月も後のこと、年齢は20歳を超えていた
　しかし、彼らの偉業は、禁教という歴史の波に　　　　　　　　　　　　　　　　　再び
注目されたのは、明治という新しい時代を迎えて　　　　　　　　　　　

正使・伊東マンショ

正使・千々石ミゲル

少年像はいずれも＜ウルバーノ・モンテ『年代記』（アンブロジアーナ図書館蔵）＞より

参考文献　『天正遣欧使節』松田毅一（講談社）

第1章

四少年は南蛮船に乗りこみ 美しい長崎港を旅立った

南蛮船が碇泊する長崎港

　1582年、使節の出発地 長崎は、ポルトガル人が世界一すばらしいと評する貿易港として賑わっていた。当時は、現在の諏訪神社下から長崎県庁にむかって長い岬が海にとびだし、その岬の先端に、イエズス会の教会が建っていた。その下の波うちぎわには小船が接岸し、長崎湾の真ん中に碇泊する南蛮船との間を行き来していた。

母の涙が光る命をかけた旅立ち

　船出の日、港では乗組員や商人たちが出航のためにあわただしく働き、見送りの人たちのなかに、四少年の母もいた。そのひとり千々石ミゲルの母は、わが子の旅立ちに反対するあまり体をこわしていたという。生還率50％以下という大航海時代、ミゲルの母が2度と会えないという思いをつのらせたのは無理のないことだった。巡察師ヴァリニャーノは、母たちに「かならず無事に4人とも日本に連れて帰る」ことを約束した。

　こうして四少年を乗せた船は、冬の大海原に向けて、晴れわたった長崎の海を静かに漕ぎ出していった。

ポルトガルの貿易船 ＜ナウ船＞

　使節が乗りこんだのは、赤い十字架が映える白い帆をつけた「ナウ船」とよばれる約800トンのポルトガルの貿易船。

南蛮船来航の地

　旧長崎県庁下に南蛮船来航の地の碑がある。かつてここに、波が寄せ、小船がついて、南蛮人たちが上陸した。四少年もここから船出したといわれている。

南蛮人来朝之図 左隻（長崎歴史文化博物館蔵）
　沖合いに碇泊した南蛮船と陸地とのあいだを、小舟が行き来した情景を、狩野派の画家が描いた。四少年の船出もこんな情景だったかもしれない。

現在の長崎港 長崎の港には1571年以来、数多くの外国船が、夏の南からの季節風にのってやってきた。帰国のときは、冬の北からの季節風にのって長崎を出る。風がたよりの帆船は、季節風を利用した。

Ⓜ

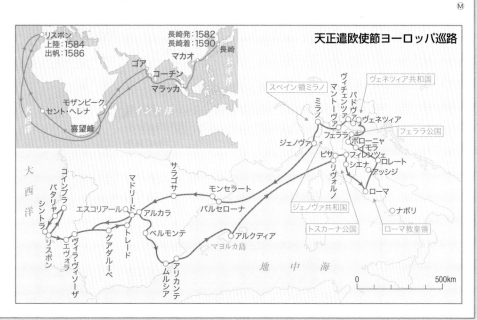

天正遣欧使節ヨーロッパ巡路

リスボン
上陸：1584
出帆：1586

長崎発：1582
長崎着：1590

長崎

マカオ

ゴア

コーチン

マラッカ

太平洋

モザンビーク
セント・ヘレナ

インド洋

大西洋

喜望峰

スペイン領ミラノ

ヴィチェンツァ
マントーヴァ

パドヴァ

ヴェネツィア共和国

ミラノ

ヴェネツィア

ジェノヴァ

フェラーラ

フェラーラ公国

ボローニャ
イモラ

ピサ
リヴォルノ

フィレンツェ

ロレート

シエナ

アッシジ

ローマ

ナポリ

ジェノヴァ共和国

トスカーナ公国

ローマ教皇領

大西洋

コインブラ

サラゴサ

バタリャ

シントラ

リスボン

エヴォラ

マドリード

エスコリアール

アルカラ

トレード

ヴィラ・ヴィソーザ

グアダルーペ

ベルモンテ

モンセラート

バルセローナ

アルクディア

マヨルカ島

アリカンテ

ムルシア

地 中 海

0   500km

参考文献 『ローマを見た 天正少年使節』結城了悟(日本二十六聖人記念館) 『大航海時代の長崎県』長崎県教育委員会
『天正遣欧使節』松田毅一(講談社)

第2章

船酔いと 海賊におそわれる恐怖
荒れ狂う海 見知らぬ国への大航海

リスボンのタイルモザイク「喜望峰の想像絵」
大航海時代の海の怖さを表現したリスボンのモザイク画

中国・マカオの風景 マカオは、ポルトガルの極東の根拠地。外壁が残るサン・パウロ教会は、使節が訪れたあとに建てられた。使節は風を待つ10ヵ月間、ここで語学と音楽の勉強をした。①

マレーシア・マラッカ城塞 嵐に襲われ、たどりついた城塞都市マラッカで、使節は休養をとる。ここは、ザビエルと日本人アンジロー（ヤジロー）が会い、日本のキリスト教史が始まった記念すべきところ。①

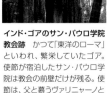

インド・ゴアのサン・パウロ学院教会跡 かつて「東洋のローマ」といわれ、繁栄していたゴア。使節が宿泊したサン・パウロ学院は教会の前壁だけが残る。使節は、父と慕うヴァリニャーノとここで別れた。Ⓝ

魔の岬・喜望峰 大西洋とインド洋がぶつかり合う海の難所で、「魔の岬」といわれる喜望峰を、船は無事通過。地獄から楽園にでも出たかのような気持ちで、大西洋に入り、少年たちは、船上から白い布を擬似餌に大きな魚を釣って楽しんだ。Ⓝ

ヴァリニャーノとの別れ

インドのコーチン滞在中に受け取ったローマのイエズス会総長からの手紙によって、巡察師ヴァリニャーノは、インドの管区長としてゴアに留まることになり、使節一行と別れた。後は、旅をともにしてきた世話役メスキータが実質上すべてを託された。

暦が変わった

教皇グレゴリウス13世は、ローマ時代から使われていたユリウス暦と実際の天文学上のズレを修正させ、1582年10月5日を10月15日とするグレゴリウス暦を採用したが、インドのゴアでは、その11ヵ月後に新暦を施行した。使節がゴアに到着してからのことだった。カトリック教会主導だったことから、ヨーロッパでもプロテスタント国での新暦採用は遅かった。

旅は命がけ 嵐と病と海賊の恐怖

長崎を出て3日目あたりから船は冬の嵐に襲われ、彼らは船酔いに苦しんだ。20日ほどかかって最初の寄港地マカオに到着し、つぎの風を待って10ヵ月を過ごす。

マレー半島をまわってマラッカに入港したあと、風待ちをくりかえしながら暑いインド洋を進み、アフリカ大陸をまわってヨーロッパをめざした。航海は、嵐による難破や熱病、座礁などの危険に満ち、ときには海賊や原住民の襲撃の恐怖にさらされた。

大航海時代の旅は、誰もが生死の瀬戸際を綱渡りしながら、荒れ狂う海に立ちむかった。

第3章 ヨーロッパ上陸「南蛮の大王」フェリペ2世に感激の謁見

長崎を出て2年6ヵ月、ついにヨーロッパへ

　1584年8月10日、使節を乗せた船はついにポルトガルに到着した。テージョ河をさかのぼり、ヨーロッパの玄関口 大都市リスボンを見た。そしてマドリードで、当時スペイン王でありながらポルトガル王も兼ねて「世界の帝王」「南蛮の大王」といわれていたフェリペ2世に謁見し、そのあと各地で歓迎の渦に巻き込まれていった。

フェリペ2世肖像画 B

「太陽の沈まぬ国」の王

　フェリペ2世は、1556年～1598年まで、スペイン王として在位し、1581年からはポルトガル国王も兼ねる。ヨーロッパ、アメリカ、アフリカ、東南アジアなど、世界を支配下におさめ、絶大な権力をもつ王だった。「フィリピン」の名は、フェリペ2世に由来する。1571年のレパント海戦でトルコ海軍を破り、キリスト教世界の救世の名声を得て、スペインの黄金時代を築いた。しかし、王が編成した無敵艦隊がイギリスに破れ、海上貿易の主導権をエリザベス女王に奪われることになる。

ポルトガル・リスボンのベレンの塔　リスボンの壮大な美しさに、使節たちが感嘆の声をあげた。港を守るベレンの塔は、使節が最初に目にした美しい建物で、サン・ジェロニモス修道院とともに世界遺産に登録されている。 N

王の興味は日本の着物と手紙

　フェリペ2世は、花鳥が施された着物と袴に大小の刀を差し、足袋と草履を履き、帽子をかぶって謁見する使節の姿に関心を示し、袴の腰板を触り、マンショが脱いで見せた草履を手に取って眺めたという。また、日本人修道士ロヨラが、3人のキリシタン大名の書状を、上から下へ右から左へ読むのを近くまで寄って観察し、驚いた。東方の客人に対する興味は尽きなかったようだ。

ポルトガル・エヴォラ大司教座教会のパイプオルガン　伊東マンショと千々石ミゲルは、このオルガンを弾いて、大司教を喜ばせた。エヴォラは、歴史地区として町並みが世界遺産に登録されている。 I

スペイン・マドリードのサン・ヘロニモ教会　フェリペ2世は、使節との謁見の前、サン・ヘロニモ教会での皇太子の宣誓式で、王の一族や高位聖職者、諸侯らとともに、使節が列席することを許した。 D

スペイン・マドリードのエスコリアル宮殿　この宮殿と教会と修道院からなる建物の豪華さは、使節にとって筆舌につくし難いものだった。使節は完成したばかりのこの宮殿にフェリペ2世の賓客として3泊した。一帯は、世界遺産。 N

参考文献　『天正遣欧使節』松田毅一（講談社）
『岩波キリスト教辞典』大貫隆、宮本久雄、名取四郎、百瀬文晃編（岩波書店）　『世界大百科事典』下中邦彦編（平凡社）

第4章 ついにローマ教皇2代に謁見！日本が世界にデビューした日

教皇グレゴリウス13世肖像画 Ⓝ

最上級の扱い

イエズス会は、ことを大げさにせず、私的な謁見が行われることを望んでいたが、ローマ教皇グレゴリウス13世は、「東方の使者」をドイツ皇帝やフランス国王と同列に扱い、公式の謁見を行った。

欠席したジュリアンと教皇の崩御

中浦ジュリアンは、高熱のため、謁見の行列に加われなかったが、這ってでも行きたいという思いが通じて、儀式のまえに単独で教皇グレゴリウス13世と会うことができた。教皇から、体を治すことが大事であると優しく抱擁された。

しかし、教皇は、謁見した18日後の4月10日に亡くなる。ジュリアンのために名医を派遣するなど、間際まで、使節のことを気づかっていたという。

300名の護衛兵に守られて

使節は、ポルトガルからスペインを横断し、地中海を渡ってイタリアに上陸し、さまざまな見聞、華やかな歓迎を受けながら、最大の目的地ローマへむかった。国境近くからは、教皇が送った300名の兵に護衛されて、いよいよローマへ。

教皇グレゴリウス13世との謁見

1585年3月23日、伊東マンショ、千々石ミゲル、原マルチノの3人は、和服で正装し、黄金のフサのついた帽子をかぶって飾り布を巻き、馬に乗って、群衆のなかを行進した。「ローマでは未曾有の最大の行事のひとつ」といわれる豪華な行進で、人々に日本という国を強く印象づけるできごとだった。

謁見は、ヴァチカン宮殿の「帝王の間」で、全キリスト教世界の代表者が集まるなか行われた。伊東マンショは大友宗麟の書状を、千々石ミゲルは有馬晴信、大村純忠の書状を差し出し、メスキータ神父の通訳で話した。そして、マンショとミゲルは、教皇の外套の裾持ちの栄誉をうけるなど、教皇から異例の待遇をうけた。

こうして、「日本」は世界に華麗なデビューを果たした。

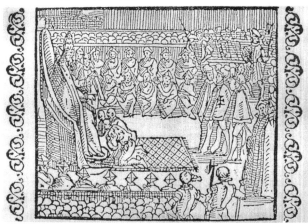

天正遣欧使節、教皇謁見の図 チアッピ著『グレゴリオ13世伝（1596）』より（筑波大学附属中央図書館蔵）グレゴリウス13世の前に3人の少年がひれ伏している。ジュリアンは、教皇の説得で病気治療のため欠席した。

教皇シスト5世のラテラノ教会行幸図（ヴァチカン図書館「シスト5世の間」）　シスト5世は、ヴァチカン図書館を拡張させ、「シスト5世の間」をつくらせた。その入口の上の半円形の部分に行幸図がある。右端に2段に分かれて4人の姿が描かれている。　①

教皇シスト5世肖像画　Ⓝ

シスト5世の厚遇

　グレゴリウス13世の崩御により新教皇となったシスト5世も、即位2日後に使節と会い、自分の戴冠式で栄誉ある役を与え、行列に参加させた。ヴァチカンの「シスト5世の間の行幸図」に、このときの騎乗の4人も描かれている。このあと使節のところには、各国の使者が訪れ、市民からは贈り物が届けられた。使節は、さらに教皇から叙勲され、ローマ市からは市民権証書を授与され、ローマの貴族に列せられた。そして、教皇から、日本布教のための資金や大名への返書、贈り物、旅費を与えられるなど、輝かしい功績をもって帰ることになる。

新教皇戴冠式の広告塔？

　グレゴリウス13世は貴族の出身だったが、シスト5世は貧しい家の生まれで、フランシスコ会に入会し、総長となった人だった。
《彼は孤独な宗教家であって、首都のためにそれまでなにもしていなかった…教皇即位戴冠式を、前例のないような印象的なものにする必要があった…「東洋の貴公子」はこの上ない材料だった》と『クアトロ・ラガッツィ』の著者 若桑みどり氏は分析している。
　ローマ市民に大人気だった天正遣欧使節を式典にともなうことは、無名の新教皇に注目を集める最大の手段と考えられたようだ。

参考文献　『ローマを見た 天正少年使節』結城了悟（日本二十六聖人記念館）　『天正遣欧使節』松田毅一（講談社）
　　　　　『クアトロ・ラガッツィ　天正少年使節と世界帝国』若桑みどり（集英社）

第5章

華麗！四人の見たイタリア
いまも残る町並みをたどる

使節が滞在中にまわったイタリア各地は、いまも変わらぬ姿をとどめている。
4人が見たであろう風景を追体験し、彼らの驚きを感じてみよう！

◀ **ピサの斜塔** 使節が訪れたころ、すでに傾いていた。4年後に、ガリレオ・ガリレイが地球の引力を証明する落下実験をおこなっている。このピサでのトスカーナ大公妃主催の舞踏会で踊ることになってしまった中浦ジュリアンは、緊張のあまり、声をかけたのが老婦人。まわりを笑いで包んだ。 Ⓓ

▲ **フィレンツェ風景** 使節は、トスカーナ大公の賓客として、首都フィレンツェに1週間滞在した。「花の都」を堪能し、動物園も訪れて、ライオンなどを見た。 Ⓘ

ヴァチカン図書館「シスト5世の間」 Ⓘ

▲ **ローマ／ヴァチカン、サン・ピエトロ大聖堂** かつてこの地は、ローマ皇帝ネロの荘園があったところ。ネロによるキリスト教迫害で、殉教した使徒ペトロの墓地の上に記念堂が建てられている。 Ⓘ

▼ **フィレンツェ／ベッキオ宮** トスカーナ大公が使節を泊まらせたシニョリナ広場にある宮殿。現在、フィレンツェ市役所として利用されている。高い鐘塔は94mある。 Ⓗ

Ⓓ デイツ　Ⓘ 稲富裕和撮影　Ⓗ 堀憲昭撮影

ヴェネツィア／サン・マルコ広場前（18世紀刊行の銅版画）　この港に、使節を歓迎する船があふれたという。

▲現代のサン・マルコ広場前　いまも変わらない光景が残る。①

▲ヴェネツィア／サルーテ教会　使節は、サルーテ教会の裏側にあったイエズス会の修道院に宿泊。建物は、今はない。サルーテのセミナリヨには、使節が訪れたことを記録した碑文がある。Ⓗ

▲ヴェネツィア／サン・マルコ広場と教会　使節は市庁舎、造船場、そしてヴェネツィアンガラスの工場なども見た。ヴェネツィア議会からもガラスや鏡などをプレゼントされている。①

▲ミラノ／ドォーモ　ミラノでは、他の地域以上の歓待が待っていた。完成が1805年のドォーモは、使節が来たときは、まだ工事の途中だった。①

参考文献　『世界大百科事典』下中邦彦編(平凡社)　『ローマを見た 天正少年使節』結城了悟(日本二十六聖人記念館)
　　　　　『天正遣欧使節』松田毅一(講談社)

第6章 使節がヨーロッパに与えた衝撃 いまも残る記録の数々

日本ブーム！ 来欧記念出版物78種！

　「東方の4人の貴公子」たちの出現は、ヨーロッパに一大センセーションを起こした。彼らが訪れた1585年中に、使節に関する書物や小冊子は48種、1593年までに78種にもなり、イタリア、ドイツ、フランス、ポーランド、ベルギー、スペイン、ポルトガルなどにおよぶ。侍の子として教えを受けた礼儀作法やキリシタンとしての誇りをもつ彼らの姿は神秘的で、ヨーロッパの人々にとって、それまで出会ったことのない「アイドル的存在」だったかもしれない。

ヨーロッパ製キモノ第1号？

　ヨーロッパ人が、キモノを着て歩く日本人を見たのは初めてだったはず。多くの人が興味を持ったようだ。フェリペ2世の従兄妹のカタリーナ妃＊は、使節の着物と足袋に似たものを作らせ、王子に着せて、「もう一人の日本人」として紹介、使節が着付けの手直しをしたらしい。

＊使節一行が訪れたヴィラ・ヴィソーザのブラガンサ家当主の母

『日本使節グレゴリオ13世謁見の枢機卿会議記録』表紙
教皇のスピーチなど、謁見の内容を記録したもので、使節に関する基本史料。1585年、ローマで刊行。㊥

『日本使節ヴェネツィア歓迎記』表紙
サン・マルコ広場の行進の様子や贈答品の目録を記録。1585年、ヴェローナで刊行。㊤

グァルティエリ著『日本使節記』表紙
教皇シスト5世と親しいグァルティエリが、使節に直接取材したと考えられるもっとも詳細な本。1586年、ローマで刊行。㊤

新語「ウルシャール」

　「漆塗る」が語源のポルトガル語。使節のフェリペ2世への献上品には、漆工芸が含まれていた。小さいが精巧な仕上がりをほめたたえたという。漆工芸は、南蛮貿易の重要な輸出品のひとつだった。

ドイツ アウグスブルグの新聞
1585年8月3日、ミラノを出発したときの記事。中央にメスキータ神父、右上が伊東マンショ、右下が千々石ミゲル、左上が中浦ジュリアン、左下は原マルチノ。㊨

使節歓迎図（北イタリア ヴィチェンツァのオリンピア劇場内） 劇場の歴史が描かれた壁画の右端にあり、「1585年」「日本使節歓迎図」というローマ字が解読できる。使節の観劇は、1583年にできたばかりの劇場の最初の輝かしいメモリアルだったようだ。 Ⓝ

300年間、日本史から消えた「天正遣欧使節」

　天正遣欧使節は、禁教令下、日本の歴史のなかに一度封じこめられた人たちである。

　新井白石が、1708年に日本に潜入した宣教師シドッチを、翌年訊問し、100年前の天正遣欧使節のことを聞いて『西洋紀聞』に書いているが、一般の人がそのことを知ったのは、もっと後のこと。キリスト教禁止の高札が撤廃され、キリスト教が黙認された1873年、特命大使としてヨーロッパを訪れた岩倉具視が、ヴェネツィアで、「大友氏ヨリ遣ハセシ、使臣ヨリ送リタル書翰二枚」の存在を知らされて以降のことだ。

　明治になって、日本人は、海外に残された記録によって、南蛮・キリシタンの時代を知ることになる。使節についても、彼らがヨーロッパに与えた衝撃についても、ほとんどの日本人は300年以上たって、はじめて知ったのだ。

　私たちは、「彼らのことが300年間封じこめられていた」という歴史があったことを知らないのではないだろうか。

長崎ロマンの火付け役？　五足の靴と木下杢太郎

　1907年、与謝野鉄幹を団長に、北原白秋、吉井勇、木下杢太郎、平野万里、5人の詩人が九州を旅した。長崎、天草に残るキリシタン時代のエキゾチックな詩情を追い求める旅だった。彼らの旅行記は、二六新報に「五足の靴」として掲載される。

　そのひとりで東京帝国大学の医学生だった木下杢太郎（本名 太田正雄）は、島原の乱を題材に戯曲も書き、医師をしながら、グァルティエリ著『日本使節記』やフロイスの書簡の翻訳など、キリシタン史の研究をおこなった。

　杢太郎にとって、宣教師たちが書いた報告書などは、魅力的な「物語」「南蛮文学」だったらしい。まさに5人は、「旅する長崎学」の偉大な先人だ。「異国情緒」「キリシタン」といった長崎を訪れる人たちの旅のキーワードも、彼らの旅のロマンを引き継いでいる。

参考文献 『天正遣欧使節』松田毅一（講談社）　『新史料 天正少年使節 キリシタン研究第29輯』結城了悟（南窓社）　『特命全権大使 米欧回覧実記（四）』久米邦武編（岩波文庫）　『木下杢太郎全集第六巻』太田正雄（岩波書店）

少年使節がヨーロッパに もたらした知識

オルテリウスの2枚の地図が物語る新情報

日本二十六聖人記念館館長

デ・ルカ・レンゾ

De Luca,Renzo,sj

天正遣欧使節の少年たちがヨーロッパに行って、多くの情報を国に持って帰ったことは周知のとおりだが、彼らがヨーロッパにもたらした新しい情報もたくさんあった。確認できる形の一例として、当時ヨーロッパで印刷された日本図がある。

少年使節が1585年にヨーロッパを訪れたあと、ヨーロッパで作製された日本図を見れば、日本の情報が正確になったことがよく分かる。

本州と九州がひとつの島に

ヨーロッパの地図作製の第一人者とされたオルテリウス(Abraham Ortelius 1528〜98)が作製した2図を比較してみよう。

「タルタリア※」という名で刊行された1578年の地図(下)を見ると、日本は本州と九州を部分的にひとつの島にまとめてIapanと書かれていて、四国にあたる島にはTonsaと書かれている。

アメリカ大陸は日本に近い位置で描かれている。

1578年刊行オルテリウス編「Tartaria」の日本図 ㊐

※タルタリア(Tartaria)は、タタール(韃靼)地方のこと。かつてのヨーロッパ人は、未知・未開の土地だった東欧からアジア一帯をさして使った。
㊐日本二十六聖人記念館蔵

1595年刊行オルテリウス編「Theatrum Orbis Terrarum (ed.1595)」のテイシェイラ作成の日本図⑱

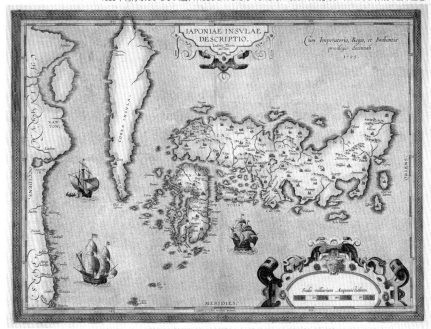

正確な日本の59国名

　テイシェイラの地図（1591～1592）を
もとにして、オルテリウスが1595年に刊行
した「日本図」を見れば、当時の技術にし
ては飛躍的に地理的な詳細さ、正確さ
が増したことを表している。当時の日本の
「国名」5つのみが欠けているがその他の
59国名が正確に描かれ、それぞれの教
会の位置なども驚くほど当時の記録に沿
っている。

　1580年代までには、日本のほとんどの
国を訪れ、その位置と面積を確かめた外
国人はいなかったはずだし、京都の位置
にのみMEACO(都)と大きく書かれてい
ることなどから、日本を訪れたことのない

テイシェイラやオルテリウスに、日本人から
その情報が伝わったとしか考えられな
い。天正遣欧使節は、日本最古の地図
「行基図」の写本を持参していたとされる
ところから、おそらく、彼らに関心をよせた、
さまざまな分野の人々のなかに、地図製
作者もふくまれ、「行基図」に接する機会
があったかもしれない。

　少年使節はこのような情報が求めら
れ、自分の国を知らせる手段に喜んで応
じたことが充分に考えられる。1580年
代以降、日本とヨーロッパが相互に影響
しあったことは、一般に思われるよりはる
かに大きかったようである。

第7章 天正遣欧使節の生みの親 巡察師ヴァリニャーノ

イエズス会の東インド巡察師アレッサンドロ・ヴァリニャーノは、ザビエル来日から30年たった1579年、日本の布教の様子を視察するために、島原半島の口之津の港に上陸した。

巡察師とは？ （Padre Visitador）

ローマに本部があるイエズス会の総長の特使として、世界各地のイエズス会士の布教活動を視察し、布教のための適切な指導を行う使命を与えられた人。

西洋人の日本人観察

宣教師ルイス・フロイスは、『日欧文化比較』で、西洋人は帽子を取ることが、日本人は靴を脱ぐことが礼儀である、西洋人は人を訪ねるとき何も持っていかないが、日本人は何か（土産）を持っていくなど、さまざまな習慣の違いをあげている。それらの中には、日本人の優れた民族性を認める事柄も少なくない。

巡察師ヴァリニャーノも報告書で、日本人と自分たちの習慣の違いなどを考慮にいれて、布教すべきであることを述べている。

ヴァリニャーノ肖像

ヴァリニャーノの日本診断！

口之津に上陸したヴァリニャーノは、ポルトガル人宣教師と日本人修道士との対立や、領主の改宗が貿易の利益目的であることなど、日本の布教には、多くの問題があることを知った。そこで、布教方針を検討するために、日本にいる宣教師を集めて会議を開いた。議題のひとつは「教育」。キリシタンは増えていくが、宣教師の数が足りないため、日本人司祭を養成する学校が求められた。日本になじめない布教長は反対したが、ヴァリニャーノは、「風習は自分たちと違うが、礼儀正しく優秀な国民である」と日本人を高く評価し、セミナリヨやコレジヨの設立を決めた。

ヴァリニャーノは天正遣欧使節をなぜ派遣した？

各地の巡察を終えて、日本の布教方針を決めたヴァリニャーノは、帰国するとき、有馬セミナリヨで学ぶ「4人の少年」をいっしょに連れていくことにした。少年たちに直接、偉大なヨーロッパを見せて語り部にすることで、日本人のヨーロッパに対する認識を高め、また、イエズス会が育てた少年たちをヨーロッパに紹介することで、日本での布教活動の成果をアピールし、ローマ教皇やポルトガル国王の援助を得る。これが「天正遣欧使節」派遣の目的だった。

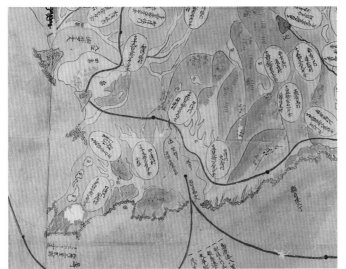

口之津周辺古図 1645年の「肥前国高来郡之内高力摂津守領分図」より（長崎歴史文化博物館蔵）

口之津港
1562年に、有馬義直（義貞）によって開かれた天然の良港。翌年、宣教師アルメイダが訪れて布教し、キリシタンの町となった。また長崎開港前の1567年に、ポルトガル船が入港した。明治時代は、石炭積出港として賑わった。

現在の口之津港＜南蛮大橋を望む＞ Ⓚ

**宣教師メスキータ
天正遣欧使節の引率者**

2005年（平成17年）にローマのグレゴリウス13世の子孫の邸宅から、「伊東マンショ」の肖像画とともにポルトガル人宣教師「メスキータ」の肖像画も発見された。

メスキータは、ゴアに留まることになったヴァリニャーノにかわり、天正遣欧使節を引率した人。長崎のコレジヨの院長として、長崎にキリシタン文化の華を開かせ、晩年は、サン・チャゴ病院の院長をつとめた。

禁教令を出した徳川幕府の理解を求めるため、病身で駿府にむかったが、願いむなしく長崎にもどった。追放のため収容されていた宣教師たちとは別の浜の小屋にひとり置きざりにされ、1614年11月4日亡くなったという。

その数日後、追放の船はマカオとマニラへむかった。『日本殉教精華』には、メスキータの最後の姿が描かれている。

発見された宣教師メスキータの肖像画（長崎歴史文化博物館蔵）

「インド副王使節」として秀吉に謁見した「天正遣欧使節」

キリスト教に好意的だった織田信長は、使節の長崎出発直後に「本能寺の変」で死亡。使節が帰国途中、キリシタン大名の大友宗麟と大村純忠が死去。さらに、豊臣秀吉が「伴天連追放令」を発した。

インド副王使節に指命されていたヴァリニャーノは、使節とともにマカオに滞在していたとき、中国船に託して、秀吉側近の浅野長政に日本入国の了解を取った。そして、ヴァリニャーノは、日本におけるキリスト教会の運命を背負って、天正遣欧使節とともに秀吉と会うことになった。

豊臣秀吉に宛てたインド副王の親書（京都妙法院蔵）

参考文献 『日本キリスト教史』五野井隆史（吉川弘文館） 『天正遣欧使節』松田毅一（講談社）
『長崎のキリシタン学校』長崎県教育委員会 『口之津町史 郷土の歩み』白石正秀（口之津町）
『ヨーロッパ文化と日本文化』ルイス・フロイス著、岡田章雄訳注（岩波書店）

特集II

天正遣欧使節四人の激動と波乱の生涯

帰国後、対照的な人生をおくった4人の使節の姿を求めて、いま残る史跡を歩く…。

天正夢広場 [大村市]
大村には、天正遣欧使節の船がヨーロッパの玄関口リスボンに着いたとき、最初に彼らの目に入った「ベレンの塔」をモデルにした塔がある。定時に、4人の少年が演奏するオルゴール付き。Ⓦ

長崎に上陸、暗雲の日本へもどった4人

　天正遣欧使節は、1586年4月、リスボンを出航し、ゴアで巡察師ヴァリニャーノと再会して、1590年7月、帰国した。わずか13歳前後で日本を発った4人の少年は、8年半の歳月を経て、21、2歳の青年となって日本にもどったのである。

　長崎の港に上陸した4人は、すっかり大人びて、フロイスの記録によると親でさえ、子どもの顔の見分けがつかなかったという。

　8カ月後、4人はヴァリニャーノとともに秀吉に謁見し、その後、天草のノビシアード（修練院）でイエズス会に入り、日本でのキリスト教布教に命を捧げる決意をした。さらに、コレジヨで、哲学、神学を勉強して、それぞれが持てる才能をいかし歩きだした。

天正遣欧使節4人の生涯

		伊東マンショ	千々石ミゲル	原マルチノ	中浦ジュリアン
ウルバノ・モンテ画の四少年					
サイン					
使節での立場		正使	正使	副使	副使
出 生 地		都於郡（宮崎）	千々石（長崎）	波佐見（長崎）	中浦（長崎）
誕 生 年		1569年頃	1569年頃	1568年〜1569年頃	1569年頃
出　　　自		大友宗麟の妹の娘の夫・都於郡城主伊東義益の妹と伊東修理亮祐青の子	有馬義貞や大村純忠と兄弟の千々石・釜蓋城主千々石直員の子（有馬晴信の従兄弟）	原中務大輔純一の子	中浦領主の子
親（出航時）		母のみ	母のみ	両親健在	母のみ
ゆかりの領主		伊東氏・大友氏	有馬氏・大村氏	大村氏	大村氏
ヴァリニャーノの評価（1593年3月1日ノビシアードにて）	ラテン語	特別免除により1級生として勉学中	特別免除により2級生として勉学中	終了	特別免除により2級生として勉学中
	日本語	読み書きをあまり知らない	読み書きをあまり知らない	読み書きを勉学中	読み書きをあまり知らない
	体　力	性質良好	身体虚弱	健康体	健康中位
司祭叙階		1608年長崎	1601年頃にイエズス会脱会	1608年長崎	1608年長崎
没　　　年		1612年11月13日長崎で病死	1633年死去	1629年10月23日マカオで病死	1633年10月21日長崎で殉教
享　　　年		42歳くらい	64歳くらい	60〜61歳くらい	63歳くらい

参考文献　『天正遣欧使節』松田毅一（講談社）　『天正遣欧使節 千々石ミゲルの墓石発見』大石一久（長崎文献社）
少年像はいずれも＜ウルバーノ・モンテ『年代記』（アンブロジアーナ図書館蔵）＞より

第1章 伊東マンショの肖像画 発見!

天正遣欧使節 正使のリアルな姿が400年の時空を跳び越えて現われた。

着物にフリル

これまで知られていた四少年像は、金モールのついた赤いジャケット＊を着ているが、2005年（平成17年）に発見された肖像画は、裃をつけた着物にフリルの襟をつけている。日本二十六聖人記念館前館長の結城了悟氏によると、謁見の際、肌を見せることは不敬にあたり、シャツやズボンを着物の下に着たという史実に一致しているという。

＊教皇が使節のためにつくらせた服の記録のなかには、《ヴェネツィア深紅のラシャの上着、切り込みに緑色のタフタ、指幅半の金の組みひもの飾りと金ボタン》とある。
<新史料 天正少年使節(結城了悟)>

（長崎歴史文化博物館 蔵）
２００６年にローマで発見された天正遣欧使節正使 伊東マンショ肖像

伊東マンショ像［西都市］西

織田信長の屏風を捜していたら…

　天正遣欧使節がローマの近くまできたとき、一行に加わった軽騎隊(けいきたい)を送ったのは、グレゴリウス13世教皇の甥ソリア公ジャコモ・ボンコンパニ殿下。このボンコンパニ殿下の子孫の邸宅で、2005年（平成17年）に伊東マンショの肖像画が発見された。

　使節は、織田信長がヴァリニャーノに贈った「安土屏風」をグレゴリウス13世に贈呈した。屏風は、ヴァチカン宮殿の地図画廊に飾られたというが、現在その所在がわからない。ここ20年以上、屏風の行方を捜していた滋賀県安土町は、ローマを訪れ、偶然にも、ボンコンパニ家で、天正遣欧使節の伊東マンショと引率者メスキータ神父の肖像画に出会ったのだ。

　画家がマンショを目の前にして描いたに違いないと思うくらい、存在感あふれるリアルな日本人少年が描かれている。そこには、使節正使として、常にものに動じず落ち着いて行動していたといわれるマンショの姿があった。この肖像画は、時空を越えて、2006年、長崎に帰ってきた。

大友宗麟公像[大分市] Ⓐ

大友宗麟とマンショ

伊東マンショは、現在の宮崎県西都市都於郡（とのこおり）に生まれる。日向国主・伊東義祐の孫で、大友宗麟の妹の娘の夫・都於郡城主伊東義益の妹と伊東修理亮祐青の子である。つまりマンショと宗麟は、血縁はないが、遠い親戚となる。伊東一族は、薩摩の島津勢の攻撃で、都於郡城から落ちのび、宗麟を頼って豊後へ行く。

マンショの出身地・都於郡城跡［西都市］　南北朝時代に築かれた山城で、遠くからみた景観から「浮舟城」ともよばれる。Ⓔ

身分についての内部告発

　「マンショは、宗麟の遠い親戚で、孤児同然の身である。使節の4人は、大友、有馬、大村三侯の特使にふさわしい高貴な人物ではないのに、王侯のような待遇を受けたのはおかしい」と嘆く告発の書状を、ペドロ・ラモン神父が、使節の帰国途中、イエズス会本部に送っている。使節を送った巡察師ヴァリニャーノは、後に、彼らの身分について説明することになる。"大友宗麟の妹の娘の夫の妹の子"だったマンショ。布教のためにその生涯を捧げた人である。

聚楽第での秀吉の誘い

　「インド副王使節」として、ヴァリニャーノと伊東マンショたちは、1591年3月3日、大坂の聚楽第で豊臣秀吉に謁見した。そのときマンショは、秀吉から、自分に仕官しないかと誘われたが、長年世話になっているヴァリニャーノに義理を欠くことになると断った。翌日もまた、仕官の誘いをうけたが、イエズス会に入る決心をしていたマンショは再び断った。

最初の死

　マンショは4人の中で最初に亡くなった。マカオで神学を学んだ後、1608年、長崎のコレジョで、原マルチノや中浦ジュリアンとともに司祭になったマンショは、その後、小倉の教会を出発点に、萩、山口、日向、小倉、下関、中津と、布教活動をおこなった。しかし、長旅で体を壊し、長崎のコレジョにもどったマンショは、1612年11月13日、メスキータ神父と原マルチノ神父にみとられてその生涯を閉じた。

天正遣欧使節を告発したペドロ・ラモン

　ヴァリニャーノと対立していたラモン神父は、1587年、長崎県の生月島で、天正遣欧使節を批判する手紙を書いた。

　のちに加藤清正に捕えられたとき、皮肉にも、使節のひとりである原マルチノに救い出され、博多の教会では、中浦ジュリアンに仕事を手伝ってもらっている。

参考文献　『天正遣欧使節』松田毅一（講談社）　『新史料 天正少年使節 キリシタン研究第29輯』結城了悟（南窓社）
　　　　　『ローマを見た 天正少年使節』結城了悟（日本二十六聖人記念館）

千々石ミゲル その光と影

ただひとり信仰を棄て、消息がわからなくなった人…

千々石氏の居城・釜蓋城跡［雲仙市］ 展望台になっている城跡には、ミゲルの碑やキリシタン遺物があり、橘湾を望める。Ⓚ

釜蓋城跡・ミゲルの碑［雲仙市］Ⓚ

大村純忠の甥、有馬晴信の従兄弟

有馬義貞（晴信の父）と大村純忠と千々石直員（なおかず）は兄弟で、『ボローニャ元老院日記』という当時の記録によると、ミゲルは、その直員の子である。有馬氏と大村氏、2人のキリシタン大名の血筋だったことが、ミゲルが正使に選ばれた大きな理由だったといわれる。

デ・サンデ『天正遣欧使節記』の主人公

ヴァリニャーノは、日本への入国の許可を待つ間、滞在中のマカオで、4人の旅行中のメモなどをもとに、使節の見聞録を完成させた。そのほとんどが、帰国したミゲル（実際には、まだ帰国していなかった）が、大村純忠の息子リノ、有馬晴信の弟レオに、「優れたヨーロッパ」について朗々と語って聞かせる問答形式。なぜミゲルだったのかは、語られていない。デ・サンデによるラテン語版が、マカオで1,000部刷られ、ミゲルの語りで今に伝えられている。日本語訳を作る予定だったが、ラテン語に堪能な日本人修道士ロヨラが病死したため、実現しなかった。

新異国叢書 5 泉井久之助・長沢信寿・三谷昇二・角南一郎 訳
デ・サンデ天正遣欧使節記

雄松堂出版

デ・サンデ天正遣欧使節記（雄松堂出版）

消えたミゲル

帰国後、ミゲルは有馬晴信からの仕官の誘いも断り、ほかの3人とともに天草のノビシアード（修練院）でイエズス会士になったが、なぜか脱会して大村喜前（よしあき）につかえ、大村の伴天連（バテレン）追放にも関わる。しかしその後、大村を追われ、逃げて行った有馬でも晴信の家臣に殺されそうになり、長崎に隠れ住んだらしい。ミゲルは、かつての仲間が聖職者としていきいきと働く姿をどんな気持ちで見つめていたのだろうか？

千々石ミゲル像［雲仙市 千々石総合庁舎横］Ⓚ

Ⓚ 小池徳久撮影

地図:
上峰川
温泉神社 千々石中
千々石 釜蓋城跡
第一小 橘神社
千々石ミゲル像
千々石 千々石
コレジヨ跡 総合支所
（専照寺）
釜岳
至諫早
至田代原
57
千々石川
至小浜

千々石ミゲルのふるさと［雲仙市］

千々石氏の釜蓋城があった丘の下には、美しい弓なりの砂浜が広がる。千々と砕け散る波
の向こうの城山やまわりの雄大さは、幼いミゲルが見た風景とさほど変わらないかもしれない。

Ⓚ

千々石海岸

参考文献 『天正遣欧使節』松田毅一（講談社）

千々石ミゲルの生涯
― 謎の人生 ―

大石　一久
Kazuhisa Oishi

　千々石ミゲルは、天正年間(1582〜90)にローマに派遣された天正遣欧使節4人のひとり。雲仙市千々石町の出身で、釜蓋城の城主千々石直員の子として1569年頃に生まれた。父直員は有馬氏の出で、有馬義貞や日本最初のキリシタン大名となった大村純忠の兄弟になる。そのため、ミゲルは、彼の後半生に深く関わる有馬晴信や大村喜前とは従兄弟の関係にあたる。

　ミゲルら4人は、1580年に開設された有馬セミナリヨの生徒で13歳前後の少年であったが、イエズス会巡察使ヴァリニャーノにより使節に選ばれローマに派遣された。使節団は、正使として伊東マンショ(宮崎県都於郡出身)と千々石ミゲル、副使として原マルチノ(波佐見町出身)と中浦ジュリアン(西海市出身)、その他帰国後キリシタン版の印刷に従事したドラード(諫早市出身)など計10名で構成され、1582年ゴアに向かうポルトガル船に乗って長崎港を出帆した。8年半もの長い旅路の中で、当時世界最強を誇ったスペイン国王フェリペ2世に謁見、また使節最大の目的であったローマ教皇グレゴリウス13世とは、単なる教皇個人との謁見ではなく、各国の代表が集まる枢機卿会議での謁見を果たした。4人は若年ながらも堂々と使節としての役割を果たし、結果、それまであるかないかわからない伝説の島・日本が高度で秩序をもった文明国であることを西欧世界に知らしめた。

　その間、わが国の情勢は大きく変貌をとげていた。1587年には、豊臣秀吉が伴天連追放令を発布、その少し前にはキリシタン最大の保護者であった大村純忠と大友宗麟が相次いで死去していた。帰国後の1591年4人はそろって天草でイエズス会に入会するが、出発時とは全く様変わりした政情のなか、時代の激流に翻弄されながら、その後の4人にはいずれも厳しい運命が待っていた。

　4人の中でただひとりミゲルだけは、1601年頃にイエズス会を脱会。その後、大村藩に仕え、神浦と伊木力に600石の知行を受けている。その間、名を清左衛門と改めて妻を娶り、4人の子息に恵まれた。また、1606年2月に出された大村藩による伴天連追放令で、清左衛門はキリスト教を邪法と進言し、自らもキリスト教を棄てて法華宗(日蓮宗)に改宗したとされる。その直後、理由は定かでないが、清左衛門は藩主の愛顧を失い大村藩から追放され、有馬領(島原半島)に移る。

Ⓚ 小池徳久撮影

伊木力墓石 Ⓚ

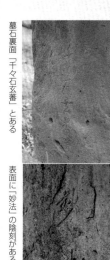

墓石裏面「千々石玄蕃」とある

表面に「妙法」の陰刻がある

ただ、そこでも瀕死の重傷を負わされるほどの仕打ちをうけ、1612年までに長崎に逃れたといわれている。

千々石ミゲル(清左衛門)夫妻のものと見られる墓石は、「伊木力みかん」で有名な諫早市多良見町の山あいに建つ。墓石を建てた人物は、裏面に名を刻むミゲルの四男千々石玄蕃と考えられる。逝去年は、妻が寛永9年12月12日、ミゲルにあたる人物が12月14日(西暦で寛永9年12月は1633年1月)と刻まれており、この紀年銘に従えば、ミゲルは妻が亡くなった2日後に死亡したことになる。また、当時、キリシタン墓(伏碑)を調べた大村藩の記録によれば、墓石の建つ地域は多くのキリシタン墓があったと記されている。キリシタン禁令期に、純粋な仏教徒とキリシタンが墓地を共有することなどまず考えられ

ないから、この墓石が建つ地域はキリシタン専用の墓地であったと思われる。このことからも、晩年のミゲルはキリシタンに立ち返った可能性が高い。

天正遣欧使節の正使として選ばれ、篤い信仰心のなか教皇にまで謁見したミゲルがなぜイエズス会を脱会し棄教したのか、その理由が一番の謎である。現段階では、その謎を解く直接的な史料はどこにもないが、単なる成績面や健康面だけでなく、1500年代後半から1600年代にかけてのイエズス会やドミニコ会、アウグスチノ会などとスペイン・ポルトガル両勢力との利害上の対立、また徹底した寺社破壊に象徴されるキリスト教のもつ一神教としての排他性など、当時のキリシタンを取り巻く情勢から多角的に分析することが必要であろう。

千々石ミゲルの足跡をたどる旅マップ

400年前にタイムスリップ。玖島・伊木力・戸根を結ぶトライアングルに「消えたミゲル」は甦るのか？

❶雲仙市千々石 釜蓋城跡—ミゲルの生地

国道57号沿いの橘神社右手に見える愛宕山の頂上に、千々石ミゲルの生地とされる釜蓋城跡がある。Ⓚ
※橘神社前（島鉄バス）から徒歩30分

❷南島原市加津佐 岩戸山穴観音

有馬晴信がキリシタンとなると、寺社破壊がおこなわれた。ミゲルが、有馬のセミナリヨにいたころだ。岩戸山の洞穴に隠された仏像が、口之津教会の少年たちによって処分されたことが、フロイスの1582年の報告にある。Ⓚ
※岩戸山巌吼寺門前より約20分

❸大村市玖島城跡—ミゲルの仕官先

棄教した大村純忠の子 喜前は、純忠が築城した三城城を出て、1599年に築城した三方を海に囲まれた玖島城に移った。ミゲルはここに登城した。玖島城は、幕末まで大村氏の居城だった。現在、大村公園として親しまれている。Ⓚ
※公園入口（県営バス）→徒歩3分

❹南島原市北有馬 日野江城下の町

ミゲル（清左衛門）は、大村を追われ、キリシタンの領地・有馬へ逃げるが、彼に対する風あたりは強く、第二のふるさとであるはずの有馬に居所はなかったらしい。Ⓚ
※北有馬駅（島原鉄道）近く

❺諫早市多良見　伊木力墓石

大村喜前に仕えたミゲル（清左衛門）は、外海の神浦と多良見の伊木力に知行600石を受けた。伊木力は、ミカンで有名な温暖な土地。ミゲルのものと思われる墓石がある場所から、彼を追放した大村の玖島が見える。 Ⓚ
※琴海中学校近くに案内あり

❻長崎市琴海　戸根　自證寺（じしょうじ）

戸根は、棄教をこばんだ大村純忠の娘・自證院（マリナ）が日蓮宗を装って庵を結んだところで、夫の浅田氏の領地。マリナの従兄妹のミゲル（清左衛門）の孫娘は、この地に嫁いだ。伊木力墓石の戒名が浅田氏の箱位牌に記されている。 Ⓚ
※自証寺（長崎バス）近く

参考文献 『天正遣欧使節 千々石ミゲルの墓石発見』大石一久（長崎文献社）　『長崎の教会』カトリック長崎大司教区司牧企画室

第3章 秀才 原マルチノ

4人のなかで一番の優等生。その才能をいかした生涯をおくり、マカオに眠る。

「原マルチノの演説」表紙 Ⓣ
演説の内容は、日本人が初めて手がけた16ページの本としてゴアで印刷され、現在も残っている。「日本人コンスタンチノ・ドラード」が発行人として表紙に記載されている。

やきものの里 波佐見

現在、やきものの里として知られる波佐見町。1598年、大村喜前が朝鮮出兵から戻るときに朝鮮人陶工を連れ帰り、翌年、波佐見焼の歴史が始まったとされる。

マルチノの華の舞台「原マルチノの演説」

　天正遣欧使節の副使の一人だった原マルチノは、「原マルチノの演説」で、その名を知られている。帰国の途中、インドのゴアでヴァリニャーノと再会し、4人を代表して、ラテン語で旅の報告をおこなった。かのアレキサンダー大王の故事を引用し、ヴァリニャーノに対する感謝と抱負を朗々と語るものだった。

誕生地は、波佐見

　禁教時代を経ている日本には、キリシタンだった彼の出自を示すものは残されていないが、使節のことを記録した「ボローニャ元老院日記」には、「ハザミの町に生まれ」、「ナカズカサの子、十六歳」とあり、これで、父が「原中 務（はらなかつかさ）」という名であることがわかる。また「原」という一族が、隣の藤津郡の豪族だったこともわかっている。

　佐世保に近い波佐見町の日見須（ひみず）というところは、むかし城があったと伝えられているが、禁教時代ゆえに、原氏ゆかりの地であることを語ることはタブーになったのではないかと『原マルチノ物語』には書かれている。

波佐見の陶郷 中尾山 Ⓦ

加藤清正との交渉

　関ヶ原の戦いの後、キリシタン大名 小西行長が加藤清正に敗北し、宇土城下（熊本）で活動していた宣教師が捕縛されてしまった。長崎のコレジヨのメスキータ院長の有能な助手として仕事をしていた原マルチノは、ヴァリニャーノに派遣されて、加藤清正と宣教師の解放交渉をおこない、説得に成功した。解放された宣教師のひとりは、皮肉にも、かつて天正遣欧使節を非難したラモン神父だった。

マカオに死んだ有能な星

　原マルチノは、1608年、岬の教会とよばれた「被昇天のサンタ・マリア教会」（現長崎県庁跡地）で、伊東マンショや中浦ジュリアンとともに、念願の司祭となり、説教家として活躍しながら、翻訳者として印刷事業にも貢献し、コレジヨの院長に推挙されるまでになった。当時、日本におけるもっともすぐれたヨーロッパ語の達人であったろう。

　しかし、1614年、徳川幕府の禁教令によって国外退去を命じられたとき、イエズス会の上長たちは有能なマルチノが日本に残ることを許さなかった。彼が日本人司祭のリーダーとして、イエズス会のイニシアチブをとることを懸念したからだった。

　マカオへ渡った後、1629年に同地で亡くなる。禁教令後、死ぬことをいとわず日本に潜入し殉教した宣教師が多かったなか、マルチノはなぜ戻らなかったのか。

マカオ／サン・パウロ教会　マルチノは、この壁の向こうに眠っていた。

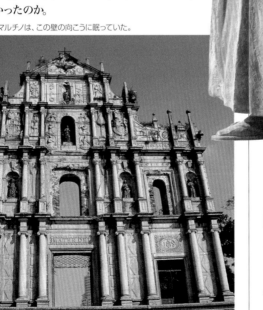

原マルチノ像
［波佐見町総合文化会館］
Ⓦ

マルチノの墓

　世界遺産に登録されているマカオ歴史地区にあるサン・パウロ教会。現在は、火災によって正面の壁だけが残る。マルチノは小聖堂の祭壇の下に葬られていたが、今そこに彼の遺骨はない。近くには、ヴァリニャーノの墓がある。

参考文献　『ローマを見た 天正少年使節』結城了悟（日本二十六聖人記念館）　『波佐見之郷土史考』波佐見史談会編
　　　　　『原マルチノ物語』波佐見町教育委員会

第4章

殉教者 中浦ジュリアン

ローマ教皇グレゴリウス13世に命を救われ、もっとも激しく信仰に生きた人。

口之津を拠点に
日本に潜伏

口之津を拠点に 日本に潜伏

日本に残ったジュリアンは口之津に赴任した。有馬氏転封後の新しい鎮主松倉氏は、当初、宣教師の活動を黙認したので、ジュリアンは口之津を拠点に各地で活動し、一度「転んだ（棄教）」人々の「たち返り」の道も開いた。1621年、口之津でジュリアンがローマ宛にポルトガル語で書いた手紙が日本二十六聖人記念館に現存する。また、ヴァチカンには、そのころ有馬のキリシタンが、ジュリアンについて書き送った手紙がある＊。1621年、松倉氏がキリシタン迫害をはじめたとき、52歳のジュリアンは「終生誓願」をたてて、気持ちをあらたにした。体調を崩しながらも布教を続けたが、1632年、潜伏していた小倉で捕えられ、長崎のクルス牢へ送られた。

＊この手紙の写しが、日本二十六聖人記念館にある。

口之津港 大泊[南島原市]
ジュリアンが口之津に来る直前、大泊の教会墓地で、22人のキリシタンが長崎奉行の迫害で殉教した。Ⓚ

※中浦ジュリアンは2007年に福者に列せられた。2008年列福式が日本で初めて、長崎を会場におこなわれた。

「私はローマへ行った中浦ジュリアン神父である」

ジュリアンが、刑場に入るときに代官に向かって叫んだ最後の言葉だという。彼は、1633年10月18日、クルス町（現長崎市役所別館）の牢から西坂の処刑地に引かれ、穴吊りの刑をうける。穴吊りは、キリシタンを「転ばせる（棄教させる）」ために、苦しみをひたすら与える残酷な刑である。傍らには、遠藤周作の『沈黙』に登場するフェレイラ神父がいた。彼は棄教した。しかし、ジュリアンは、他の6人とともに信仰を棄てず、10月21日に昇天し、遺体は焼かれて、灰は長崎港の海にまかれた。

天正遣欧使節としてローマに行ったとき、病いに臥したジュリアンは、教皇グレゴリウス13世から特別に手あつい加護をうけ、命を救われた。そのとき、すでに永遠の誓いをたて、それを忠実に実行したのかもしれない。

中浦ジュリアン穴吊りの図 『日本殉教精華』より Ⓣ

マカオで神学を学んで信仰の道をつらぬく

ローマから帰国して、マンショらとともに修道士となったジュリアンは、八代（熊本）にまず赴任。しかし関ヶ原の戦いで、庇護者のキリシタン大名 小西行長が敗北して、八代での布教活動が難しくなり、薩摩経由で長崎へもどった。

1601年、ジュリアンは、マンショとともにマカオにわたり神学を学んだ。そこには、のちに刑場へともにいくフェレイラがいた。1604年、長崎に戻り、京都、博多で布教し、1608年、念願の司祭になって、博多の教会へ赴任した。そこでは、かつて、天正遣欧使節を告発したラモン神父の仕事を手伝うことになる。皮肉なめぐりあわせである。

徳川幕府の禁教令で、1614年、宣教師の国外退去の船が長崎から出港したが、ジュリアンは日本に残り、潜伏した45人の宣教師のひとりとなった。

中浦ジュリアン像胸部 Ⓦ

中浦ジュリアン像[西海市　中浦ジュリアン記念公園]
夕日の向こう、少年が指さす先には、ローマがある。Ⓦ

参考文献　『ローマを見た 天正少年使節』結城了悟（日本二十六聖人記念館）
　　　　　『天正少年使節の中浦ジュリアン』結城了悟（日本二十六聖人記念館）

中浦ジュリアンの
ふるさとぶらり

　ヨーロッパの記録で、中浦の領主の子とされる中浦ジュリアン。『大村郷村記』で、「小佐々家代々の領地」と書かれる中浦は、西彼杵半島の西海岸の村である。いまも自然が豊かなジュリアンのふるさとを歩いてみよう。

❶権現岩（岩倉権現）

遠くからもポッカリ浮いて見える高さ30mほどの巨岩は、小佐々氏の祖神といわれる。岩の下は、春、桜が美しい公園。
※岩倉神社前（さいかい交通）から車で5分 Ⓦ

❷小佐々氏墓所

『大村郷村記』に記されている「古廟」で県指定史跡。1569年、大村純忠とともに小佐々氏は、反純忠派の後藤貴明らと戦った。そのとき戦死した小佐々一族が祀られている。Ⓦ
※下多以良橋がかかる多以良川の東側の川沿い

❸小佐々城（城の辻古城）

『大村郷村記』によると、小佐々氏は、多以良、中浦、松嶋、大嶋、蠣の浦、崎戸、瀬戸、江の嶋、平嶋の領主として、多以良に城郭を構え居住していたという。その多以良の「城の辻」は、古城址の言い伝えがある。頂上付近の屹立する巨石の上からは周辺を一望でき、居館群跡には大規模な石積みの遺構が残る。Ⓦ
※公民館前（さいかい交通）近く

❹七釜港

深く入江が入り込んだ天然の
良港。小佐々水軍の基地とい
われ、大陸からの交易船も多
く入港した。潜伏時代のフラ
ンシスコ会の宣教師たちも、
ここから東北への布教に旅立
った。オランダ人ブラウが
1645年に作成した日本地図
（日本二十六聖人記念館蔵）
に入江と地名＜Nanaetsgamma＞
がでてくる。Ⓦ
※鳥崎（さいかい交通）から車
で1分

❺中浦ジュリアン生誕地

記念公園から宗像神社にかけては「御園（みその）」という字
（あざ）だった。その御園の「館（たち）」とよばれたところが
ジュリアンの出生の地として史跡に指定され、記念公園と
なっている。Ⓦ
※中浦局前（さいかい交通）から徒歩5分

❻城山

国道沿いの「城山」という字（あざ）だったところで、戦国時
代の中浦領主小佐々氏の山城跡といわれる。幼いジュリア
ンは、海や夕日を、ここから眺めたかもしれない。Ⓦ
※中浦局前（さいかい交通）から徒歩1分

❼中浦宮の下

旧国道202号沿いにある宗像神社は、小佐々水軍の海神
「八大竜王宮」跡といわれ、明治7年から現在の神社名にな
った。その下の海岸には、大きな貝の化石が見える岩盤が
広がる。Ⓦ
※中浦局前（さいかい交通）から徒歩5分

中浦のひだまり

サツマイモや大根を干す中浦ののどかな風景。海岸までの
斜面に、石垣がつづく細い路地が走り、のんびりと歩くこと
ができる。Ⓦ

参考文献 『長崎県の文化財』長崎県教育委員会 『大村郷村記第五巻』藤野保編（国書刊行会）
『新史料 天正少年使節 キリシタン研究第29輯』結城了悟（南窓社）
『大村史談 39号・51号』小佐々学（大村史談会）

天正遣欧少年使節 ゆかりのラテン語の古書

獣医学博士・日本獣医史学会常務理事

小佐々　学
Manabu Kozasa

中浦ジュリアン記念公園[西海市]

中浦ジュリアンの出自

「むかし選ばれて南蛮国に行ってきた先祖がいる」。東京生まれの筆者が、わが家に代々伝わる不思議な口伝の謎を解くため、大村藩士小佐々(こざさ)氏一族の歴史や史跡調査のため、長崎県内を訪れ始めたのは、もう30年以上も前のことになる。長年にわたる家系研究の結果、天正遣欧少年使節の一人で、出自不明とされていた中浦ジュリアン(1568～1633年)が謎の先祖だったという、秘められた史実が明らかになった。

ジュリアンは、長崎県の西彼杵半島西岸から五島灘海域を領有支配して海外交易で栄え、「小佐々水軍」とよばれた戦国領主小佐々氏の有力家系で、中浦城主の小佐々兵部少輔甚五郎純吉の息子の小佐々甚吾だったのである。筆者が発表したこの説は、『岩波日本史辞典』や『日本史広辞典』の「中浦ジュリアン」の項にも記載され定説になってきている。

少年使節ゆかりのラテン語古書
[西海市 中浦ジュリアン記念公園]

スペインの滞在地にあった
ラテン語の古書

　筆者は獣医学関係の仕事で、少年使節が訪れたスペイン、ポルトガルやイタリアに何十回も行っていた。親友のスペイン人獣医師ガルシア氏を介して知り合った聖フランシスコ・ザビエルの子孫であるフォンテス神父が、スペイン南東部のムルシア市の出身だった縁で、筆者は平成12年にムルシア州から招待され、少年使節訪問415年記念講演をおこなった。

　少年使節は、1584年12月から翌年1月初めまで約1ヵ月間ムルシアに滞在した。使節が輿馬車に乗ってムルシアに到着した時、歓迎のため教会前の広場に大勢の市民が殺到したので、市長は使節が通る道を開けるため、杖を二本も折ってしまったという逸話がある。また、使節がムルシアに滞在して学んだ場所は、イエズス会の聖エステバン学院の別院ラス・エルミータスであり、使節がヨーロッパで初めてクリスマスを祝った

ところである。

　現在、このラス・エルミータスを別荘にしているブルガロラス氏が、筆者の記念講演を聞いて感激し、旧図書室に残っている古書を、是非とも寄贈したいとの思いがけない申し出があった。

ジュリアンゆかりの地に
寄贈したラテン語の古書

　使節訪問以前に出版され、ジュリアンが学ぶ機会があったラテン語の古書は4冊であった。筆者は、その中の1546年出版の『アンジェロ・ポリツァーノ書簡集』を、ジュリアンの生誕地である西海市の中浦ジュリアン記念公園に寄贈し、展示室で公開中である。また、ジュリアンの殉教地である長崎市西坂の日本二十六聖人記念館に1冊を、さらに使節派遣に関係が深い大村市立史料館に1冊を寄贈して展示されている。また、残りの1冊はブルガロラス氏の意向を尊重して、わが家で大切に保管して子々孫々まで伝えていくつもりである。

キリシタン用語の基礎知識

あ

イエズス会
スペイン人のイグナチオ・デ・ロヨラらが1534年に結成し、1540年にローマ教皇の公認を得た修道会。

オラショ
ラテン語のoratio(祈り)。鎖国時代を経て今日までつたえられた言葉のひとつ。

か

かくれキリシタン
1873年にキリシタン禁制の高札が撤廃されるまでの約230年間、信徒だけで信仰を守りつづけた潜伏時代の潜伏キリシタンに対して、1873年以降も潜伏時代の独自の信仰形態を守り続けている人々をさす。

キリシタン
ポルトガル語のchristãoがそのまま発音されて日本語になったもの。吉利支丹、切支丹などの字があて字されている。キリスト教伝来から明治初期までのキリスト教を信じる者(信者)や、キリスト教そのものをさす。

さ

聖歌
カトリック教会で歌われる宗教歌。プロテスタント教会では、讃美歌という。

誓願
神の前でたてる誓い。修道生活では、「清貧・貞潔・従順」を誓い、イエスにならうことを目的とする。

宣教師
キリスト教を広めるために派遣されるひと。

洗礼
キリスト教の信者になるための儀式。水の注ぎをうける。

さ

洗礼名

霊名ともいう。洗礼をうけるときに付ける名前。聖人名をつける習慣がある。

叙階（じょかい）

司教、司祭、助祭など、聖職者の職務につくための儀式で、司教によっておこなわれる。

殉教（じゅんきょう）

命をかけて（無抵抗で）信仰を貫くこと。ギリシャ語で証し（martyria）＝殉教（martyria）である。

た

典礼（てんれい）

教会（神のもとに集まった人々）が神に捧げる公的な礼拝。

な

南蛮人（なんばんじん）

主にポルトガル人やスペイン人をさし、日本の南方、および南方から来た人々の出身地を広く含んでいた。
また、オランダ人、イギリス人を紅毛人とよび、南蛮人と区別していた。

は

バテレン（伴天連）

司祭、神父。戦国時代の末期から徳川第3代将軍家光の時まで、約1世紀の間に日本に来たヨーロッパ人のキリスト教宣教師をさしている。ポルトガル語で司祭・神父はパードレ。漢字をあてて「伴天連」としたのを日本語の音で読んだために、「バテレン」となったと考えられる。キリスト教徒一般をいうこともある。

ま

ミゼリコルディアの組

ミゼリコルディアは、ラテン語で「慈悲」の意。キリシタン時代に、病人看護や貧しい人々の救済に奉仕したグループ。1240年頃、イタリアではじまった。

メダイ

メダルの意。マリア、聖人の像や十字架などを刻んだもの。

参考文献　『岩波キリスト教辞典』大貫隆、宮本久雄、名取四郎、百瀬文晃編（岩波書店）　『南蛮のバテレン』松田毅一（朝文社）
『長崎游学マップ2 教会と巡礼地完全ガイド』カトリック長崎大司教区監修

有馬のセミナリヨ跡

二〇〇二年三月
長崎純心大学学長片岡千鶴子書

特集III

セミナリヨで咲いた
キリシタン文化の華

日本初の神学校、天正遣欧使節たちは第一期生

　巡察師ヴァリニャーノの指導のもと、1580年、日本で最初のセミナリヨが安土と有馬に、翌年、コレジヨが府内に誕生した。

　有馬晴信の協力で建てられた「有馬のセミナリヨ」の最初の入学生は22名、その中に、マンショ、ミゲル、マルチノ、ジュリアンら4人の少年たちはいた。

　彼らを育てたキリシタン学校は、時代に翻弄され、各地を転々としながらも、のちに＜キリシタン文化＞とよばれる遺産も生み出していた。

写真提供：南島原市

日野江城跡

原城跡

南島原市

　奥に本城の日野江城跡、手前に島原の乱の舞台となった原城跡が見える。現在、有馬セミナリヨ跡とされている場所は、3度目の移転先と考えられているところで、ローマのイエズス会に送られた報告書や島原半島の古地図などから、現在の南島原市北有馬町の三尺町・本町一帯にあったのではないかと推定され、石柱が建てられている。

　セミナリヨの敷地には、有馬晴信が建てた「日本でもっとも贅をつくした」と報告された教会や修道院もいっしょにあった。かつてはもっと入江が入り込み、満潮時には、すぐそこまで潮が満ちてきていたという。

参考文献　「「有馬のセミナリヨ」関係資料集」　北有馬町

第1章

天正遣欧使節が学んだ
セミナリヨの生活

西洋と東洋が融合した空間。規律と優しさに包まれて少年たちは生活した。

有馬のセミナリヨ跡石柱
[南島原市] Ⓚ

日本のセミナリヨ

　日本のセミナリヨでは、ラテン語とともに日本語や日本文学に対する造詣を深めることも重視した。布教は言葉によっておこなわれるもので、正しく言葉を話すことは、人格形成にもかかわることとされたからである。また、音楽ではグレゴリオ聖歌を歌い、オルガンなどの楽器を練習した。

　ヴァリニャーノは、西洋と日本両方のバランスのとれた教養を身につけさせる教育を理想とした。

有馬と安土のセミナリヨ想像図　『グレゴリオ13世伝(1596)』より(筑波大学附属中央図書館蔵)

少年たちの日常生活

　ヴァリニャーノが書いた日課表(ローマのイエズス会蔵)によると、全寮制のセミナリヨは、4時半の朝の祈りに始まり、8時の夕べの祈りに終わる。勉強は、個人指導を重視し、上級生が下級生の面倒を見ること、復習することはたいせつだった。少年たちは、坊主頭で、外出するときは、黒い胴服を上から着ていたが、セミナリヨ内では、日本の着物を着ていた。米、味噌、干し魚などを食べ、畳に寝るなど、基本的には普通の日本人と変わらない。もちろん、セミナリヨの院長のもと、神に仕えるものとして、厳格なしつけと教育をうけ、外部の人との交わりも制限があった。しかし、日曜日などは、ピクニックのような楽しい時間や、領主や親戚が集まってくる文化祭もあったようだ。

セミナリヨの日課表

1580年6月28日に、ヴァリニャーノが書いたセミナリヨの日課をもとに、時間割風にアレンジ

	月 曜	火 曜	水 曜	木 曜	金 曜	土 曜	日曜と祝日
4:30 / 5:00	起床、朝の祈り、ミサ、掃除						
6:00 / 7:00	学課の勉強（年少者はラテン語の単語を暗記）					ラテン語（その週の復習）	
8:00	ラテン語（基本的には、教師の個人指導、上級生は下級生の勉強を見る）						
9:00 / 10:00	食事と休憩						
11:00 / 12:00	日本語（読み書きと作文）	日本語（読み書きと作文）	日本語（読み書きと作文）		日本語（読み書きと作文）	別荘や郊外で遊ぶ ※雨天時は、屋内で休養か音楽
13:00 / 14:00	音楽（歌と楽器）	祝日のない週の水曜日は休息（音楽の練習も少しする）	音楽（歌と楽器）	自由時間（入浴、散髪、告解を行う）	
15:00 / 16:00	ラテン語（作文と暗証）		ラテン語（作文と暗証）		
16:00 / 17:00	自由時間		自由時間		
18:00	食事と休養						
19:00 / 20:00	ラテン語の復習（年少者は、日本語またはラテン語の読み書き）		ラテン語の復習（年少者は、日本語またはラテン語の読み書き）	霊的講話を聞く 話す練習		
20:00	1日の反省（良心の糾明）、夕べの祈り、就寝						

ヴァリニャーノは、冬期（10月半～2月中旬）は1時間おくらせ、夏場は休みを増やすように指示している。

おしおき

先生が生徒のお尻を鞭で打つという光景を洋画で見ることがある。ヴァリニャーノも、セミナリヨで生徒の世話をする修道士に、指導上必要がある場合、鞭打ったり、罰をくわえることを認めていた。一方、フロイスは、『日欧文化比較』のなかで、「西洋では、あたりまえに子どもを鞭打って罰をくわえるが、日本では、小さな子どもにも、おとなに対するように言葉でしかる」と記している。

南島原市北有馬の天正遣欧少年使節モニュメント Ⓚ

参考文献　『八良尾のセミナリヨ』片岡千鶴子　『長崎のキリシタン学校』長崎県教育委員会
『「有馬のセミナリヨ」関係資料集』北有馬町　『ヨーロッパ文化と日本文化』ルイス・フロイス著、岡田章雄訳注（岩波文庫）

セミナリヨの遺産＜音楽＞

第2章 秀吉が感動した西洋楽器の音色

セミナリヨの窓辺から、異文化の音色が流れていた…

天正遣欧使節たちは、ポルトガルのエヴォラ大聖堂でパイプオルガン、ヴィラ・ヴィソーザ宮殿ではクラヴォやヴィオラなどの演奏を堂々とおこなった。

それは、1日に1時間おこなわれた、セミナリヨでの音楽教育の賜物だった。

天草市のグループによる復元楽器での演奏
[1997年4月] Ⓗ

秀吉が聴いたラウテ（ルネッサンスリュート）

（石井髙制作　長崎歴史文化博物館蔵）

　イタリア・クレモナ在住のヴァイオリン製作者・石井髙氏は、クレモナで、はるか昔に4人の日本人がやってきたことを聞かされた。これをきっかけに、天正遣欧使節が秀吉の前で演奏に使った楽器の復元に取り組んだ。使節が訪れた時代に活躍していたヴァイオリン製作者アマティを追いかけていた石井氏は、使節との偶然の出会いから、美しい「古楽器」を誕生させた。Ⓚ

秀吉も喝采！
使節の演奏に3度のアンコール

「インド副王使節」の一員として、秀吉に謁見した天正遣欧使節たちは、アルバ（ハープ）、クラヴォ（鍵盤楽器）、ラウテ（リュート）、レベカ（ヴィオール）という楽器を携えていた。その演奏を所望され、アンコールを受けて、3度も演奏したという。

キリシタン音楽とオラショ

セミナリヨの日課表によると、毎日、歌か楽器の練習の時間があった。一般のキリシタンもラテン語で聖歌を歌い、二重合唱をする聖歌隊もいたという。禁教令は、その歌声と演奏を消してしまった。

ところが、『サカラメンタ提要』という典礼書が、海外に数冊残されていた。ラテン語聖歌を四角のネウマ音符で散りばめた、日本で最初の2色刷りの楽譜付き。400年前に歌われた曲である。

この『サカラメンタ提要』の研究をした皆川達夫氏は、1976年（昭和51年）に国宝大浦天主堂で音の再現をおこなった。さらに同氏は、長崎県の生月島のカクレキリシタンに伝えられたオラショは、16世紀のスペインで歌われていた聖歌が原型であることをつきとめた。ふるさとでは歌われなくなった曲が、400年の間、日本のかたすみで受け継がれていた。

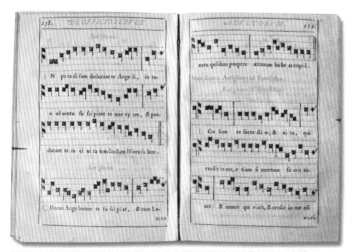

長崎のコレジヨで印刷（1605年）された『サカラメンタ提要』の楽譜（上智大学キリシタン文庫）

ルネサンスの名曲「千々の悲しみ」

中世・ルネサンス音楽の研究が専門の皆川達夫氏によると、ジョスカン・デ・プレ作曲の「Mille Regretz（千々の悲しみ）」は、1556年まで在位していたスペイン王カルロス1世が好んだ曲で、「皇帝の歌」とよばれていた。ヴァチカンではカルロス1世を歓迎する曲として、クリストバル・デ・モラレス編曲の「千々の悲しみによるミサ曲」が演奏された。少年使節が秀吉の前で演奏した曲目についての記録はないが、皆川氏は、この「千々の悲しみ」と推定している。

ある瞬間、キリシタン嫌いの秀吉の心をとらえてしまった典雅な音とは、どんなものだったのか…

サカラメンタ提要

サカラメンタ（サクラメント）とは、カトリックでは「秘跡」とよばれるもので、洗礼・堅信・聖体・ゆるしの秘跡・病者の秘跡・叙階・婚姻の7つの「秘跡」がある。『サカラメンタ提要』は、叙階と堅信をのぞく5つの式をおこなうためのマニュアルで、ポルトガル語とローマ字綴りの日本語でつくられている。そして、死者のための典礼（とくに埋葬）の聖歌と、高位聖職者の教会訪問のための聖歌がおさめられている。

フロイスが見た日本の子ども

フロイスは、西洋の子どもとくらべて、日本人は子どもでも、立ち居振る舞いの教育をしっかりうけているので、物怖じせず、のびのびしていると、好感をもっている。

天正遣欧使節がヨーロッパ各地で、堂々と挨拶や演奏をおこない、好感を持って受け入れられたのも、フロイスと同じ印象を彼らに感じたからかもしれない。

参考文献 『秀吉が聴いたヴァイオリン』石井髙（主婦の友社）
『西洋音楽ふるさと行脚』皆川達夫（音楽之友社） 『洋楽渡来考』皆川達夫（日本キリスト教団出版局）
『ヨーロッパ文化と日本文化』ルイス・フロイス著、岡田章雄訳注（岩波書店）

セミナリヨの遺産＜美術＞
水彩、油絵、銅版画のヨーロッパ技法

《耶蘇会*の宣教師が布教するに当つて、先づ必要とするのは祭壇に飾るキリスト教聖画であつた。》（『吉利支丹洋画史序説』岡本良知より）

セミナリヨで教えた技法は？

教えていたのは、水彩、油彩、銅版画の３つの画法。ヨーロッパ風の着色や陰影法を用いて、天正遣欧使節が持ち帰った原画の模写、模刻をおこなっていた。

しかし、ヨーロッパで使われているものと同じ画材の調達は困難だったようで、和紙に日本画の絵の具を併用して、洋画風に描く努力がされていた。

天正遣欧使節のお手柄？

有馬の山奥の八良尾のセミナリヨでの話…。天正遣欧使節が手本となる聖画を持ち帰ってきたので、画学生はこれらを手本に水彩、油彩、銅版画の勉強に励み、ポルトガル人でさえ、原画と模写の区別ができないくらいに上達したという。

「これでようやく各地の聖堂を立派な絵で飾ることができるようになり、信徒をよろこばせる銅版画を刷ることができるようになるだろう」と、フロイスは、イエズス会への1592年の報告で、感動をつたえている。

泰西王侯図屏風
（長崎歴史文化博物館蔵）　1614年頃のもので、ニコラオが指導したものといわれている。六曲二隻の屏風。

聖フランシスコザビエル像
（神戸市立博物館蔵）

多芸・多才の絵画教師

　1583年、ジョヴァンニ・ニコラオというイタリア人の宣教師が聖画を描くために派遣されてきた。天草・有馬・長崎などで、1614年にセミナリヨが廃止されるまで指導をしていた。日本語がうまく、絵画だけでなく、様々な才能があったようで、彫刻やオルガンや時計の製作なども教えていた。彼のもとで多くの画家が育ったと思われるが、はっきりとした記録はない。

　また、迫害下、潜伏して制作を続けた画家もいて、高槻地方（大阪府）で発見された有名な「聖フランシスコ・ザビエル像」などは、セミナリヨ系の画家によるものと考えられている。

▲雪のサンタ・マリア
（日本二十六聖人記念館蔵）
ニコラオの指導によって描かれたものと考えられている。長崎の外海の潜伏キリシタンに伝えられた小さな聖画。掛軸に仕立てられている。

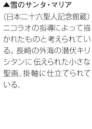

参考文献 『吉利支丹洋画史序説』岡本良知（昭森社）

キリシタン銅版画 有家版『セビリアの聖母』を復刻して

銅版画家・作家

渡辺　千尋
Chihiro Watanabe

銅版画印刷機とイタリア人教師

　天正遣欧使節団の重要な任務のひとつに、印刷技術の習得があった。だからこそ、彼らが帰還したとき、活字用の凸版印刷機と、銅版画用の印刷機を搭載してきたのだった。

　「日本では５万枚以上の聖画が必要で、印刷機さえあれば」と、宣教師フロイスが書簡のなかでローマ本部に訴えていたことが、ついに実現したのだ。

　銅版画用印刷機は、イエズス会が日本人修道士育成のために設立した神学校“セミナリヨ”内の画学舎に設置され、聖画制作する日本人の銅板画家を育成するのである。教師はルネッサンス美術晩期の只中で育ったイタリア人、ジョヴァンニ・ニコラオ。

　苗床（セミナリヨ）の中で西洋文化が根づき、日本の大地にたわわな稲穂を実らせかけたとき、急転直下、凄まじいキリシタン弾圧の嵐が吹き荒れ、すべての絵画、印刷物は灰燼（かいじん）と化し、西洋文化を身につけた若い学生たちも殉教していった。

銅版画復刻の依頼

　長崎には、弾圧のなか、奇跡的に残った２点の銅板画が保管されている。

　１点は『聖家族』と呼ばれる作品で、画面のなかに「Arie 1596」（有家1596年）と文字が彫りこまれている。もう１点は『セビリアの聖母』と呼ばれる作品で、絵柄の下に「in sem lapo 1597」（日本のセミナリヨにて 1597年）と、聖母の由来を記した文の最後に彫られている。由来記によれば、この聖母子像はスペインのセビリア大聖堂内に描かれた『古代からの聖母』という伝統的な壁画であった。

　２点とも、セミナリヨが島原半島の有家にあったときに制作された大型版画で“有家版”といわれる所以である。

　私は、それら２点の作品の復刻を旧有家町役場から依頼された。その理由は、私が当時の銅版画技法〈刃物で直接版に絵柄を彫り込む〉で制作しているからだ。『聖家族』は画面の大半が破損消滅していて復刻は無理と判断し、『セビリアの聖母』だけを復刻することにした。

『セビリアの聖母』の作者

　だが２点の作品を比べて見ていると、その表現方法の大きな違いに戸惑いをもった。作者が違うことは彫り方の癖などでわかるが、同じ時期、同じ工房で制作

郵便はがき

８５０-８７９０

長崎市大黒町３-１
長崎交通産業ビル５階

株式会社 長崎文献社
愛読者係 行

||ılıll·ıl·lı|lı|lllı·ll·lı·ılıl·lıl·l·lıl·lı·lı·lı·ıl·ll

本書をお買い上げいただきありがとうございます。
ご返信の中から抽選で50名の方にオリジナルポスト
カード（5枚）を贈呈いたします。12月末抽選、発送を
もって発表にかえさせていただきます。

インターネットからも送信できます↑

フリガナ	男・女
お名前	歳

ご住所　（〒　　　—　　　　）

Eメール アドレス

ご職業
　①学生　　②会社員　　③公務員　　④自営業
　⑤その他（　　　　　　　　　　）

ご記入される情報は適切に保管いたします。

◇ 愛読者カード ◇

ご記入日　　　年　　　月　　　日

本書の タイトル	

1. 本書をどのようにしてお知りになりましたか

①書店店頭　　②広告・書評（新聞・雑誌）　　③テレビ・ラジオ
④弊社インスタグラム　　⑤弊社ホームページ　　⑥書籍案内チラシ
⑦出版目録　　⑧人にすすめられて　　⑨その他（　　　　　　　　　　）

2. 本書をどこで購入されましたか

①書店店頭（長崎県・その他の県：　　　　　　　　）　　②アマゾン
③ネット書店（アマゾン以外）　④弊社ホームページ　　⑤贈呈
⑥書籍案内チラシで注文　　⑦その他（　　　　　　　　　　）

3. 本書ご購入の動機（複数可）

①内容がおもしろそうだった　②タイトル、帯のコメントにひかれた
③デザイン、装丁がよかった　④買いやすい価格だった
⑤その他（　　　　　　　　　　　　　　　　　　　　　　　）

本書、弊社出版物についてお気づきのご意見ご感想ご要望等

（ご感想につきましては匿名で広告などに使わせていただく場合がございます。）

ご協力ありがとうございました。良い本づくりの参考にさせていただきます。

有家のセミナリヨで印刷された銅版画「セビリアの聖母」（カトリック長崎大司教区蔵）

の聖母』には、見本となる銅版画はなく、宣教師が持参した壁画を模した油絵かテンペラ画を、独自に銅版画に写しとった、と推定された。ゆえに、線の流れ、立体感の表現などが西洋技法ではなく、日本的感性での表現になったのである。

仕掛けた謎に秘めた自信

フロイスは著書『日本史』のなかで「（セミナリヨ工房内の作品を見て）どれが彼らのもので、どれがローマでつくられたものか見分けることができなかった」と述べているが、かくも彼らの成長は著しく、独自の作品をも生み出していたのだ。

されたものとは思えない差なのだ。

研究者たちによると、『聖家族』は西洋的技法だから、舶来の銅版にあとから文字だけ入れたもの。また、『セビリアの聖母』は、日本的感性を感じるから日本人作との見解が支配的であった。

私はその見解に疑問をもち、復刻を手がける前に、まず2点の作品の伝来をたんねんに調べた。

結果、『聖家族』には見本となった西洋銅版画が存在し、それを日本人が素直に模刻したものだった。いっぽう、『セビリア

復刻の過程で思ったことは、当時の西洋作品と比べると稚拙さは否めないとしても、強い意志と自信を持った作家でなければこの作品はできないということであった。単なる模刻ではない、自分の作品であるとの自己主張が全面にみなぎっているのは、画のなかに謎をしかけていることでもわかる。*

「日本のセミナリヨにて」という表現は、日本人銅板画家が世界に向けて誇示した自信の現れ、と考えるのはうがちすぎだろうか。

*『殉教の刻印』渡辺千尋（小学館）参照

南島原市ありえコレジヨホールに、渡辺千尋氏が制作した復刻版「セビリアの聖母」の原版や銅版画印刷機などが展示されている。

第4章

セミナリヨの遺産＜印刷＞

金属活字で印刷されたキリシタン版

キリスト教を布教するために、教科書や教理書の印刷物は、必須アイテムだった。

復元された印刷機
　南島原市加津佐は、日本ではじめて活版印刷がおこなわれたところ。「活版印刷機の復元模型」と、その模型で印刷した『サントスの御作業の内抜書（聖人伝）』の扉絵が、南島原市加津佐図書館に展示されている。Ⓚ

印刷のふるさと
加津佐・天辺の丘

　加津佐のコレジヨがあったところは、「天辺」とよばれた小高い丘だったと考えられている。Ⓚ

使節の目的のひとつは印刷技法の習得

　天正遣欧使節派遣の目的のひとつは、活版印刷機を持ち帰り印刷の技術を習得してくることだった。ヨーロッパからの帰国途中、インドのゴアで「原マルチノの演説」、マカオで「日本使節見聞対話録」などの印刷をおこない、まずその成果を見せた。

加津佐を出発地点に日本の活版印刷事業がはじまる

　1590年、天正遣欧使節が持ち帰ったグーテンベルグ式活版印刷機は、秀吉の目をはばかって、長崎ではなく、島原半島の加津佐のコレジヨ（天辺の丘）に運び込まれた。ここで、日本で最初の金属活字を使った出版物として1591年に、『サントスの御作業の内抜書（聖人伝）』が誕生した。ポルトガル語、ラテン語などをローマ字で表した日本語訳本で、現在、ヴェネチアの国立マルチアナ図書館とオックスフォード大学のボードレイアン文庫に保存されている。

印刷機は長崎へ

　印刷機は、1592年に天草へ、最後は1598年に長崎のコレジヨに移され、1614年の宣教師の国外退去で運び出されるまで、多くのキリシタン版が印刷された。長崎のコレジヨで印刷されたもののなかには、日本語をポルトガル語で解説した辞典「日葡辞書」などがあり、16世紀の日本語を知る手がかりとなっている。
　また、『スピリツアル修行のために選び集むる珠冠のまぬある』と題された本も、1607年に長崎コレジヨで印刷された。ローマ字表記の心霊

修業のための手引書で、のちに信徒発見をしたプチジャン神父がマニラのフランシスコ会修道院からもらい受けた。現在、長崎にある唯一のキリシタン版である。

『珠冠のまぬある(吉利支丹版長崎刊)』
(カトリック長崎大司教区蔵)

長崎の豪商 後藤宗印と印刷

印刷は、主に長崎のコレジヨでイエズス会によっておこなわれていたが、1600年から、豪商のキリシタン後藤宗印が国字本の印刷を委託された。『どちりな・きりしたん』『おらしよの翻訳』『ひいですの経』が残っている。宗印は、長崎の島原町(現在の万才町)の町年寄家系の初代だが、キリシタンであったため江戸送りとなり獄死した人とされる。

当時を伝える、残されたキリシタン版

禁教下の日本で、印刷技術は継承されず、持ち出されたはずの印刷機や活字も消失した。出版物として、加津佐本5点、天草本12点、長崎本14点、京都本1点、計32点のキリシタン版が現存するのみである。12点が今、日本にある。

しかし、わずかでも海外に残されていたそれらのキリシタン版は、言葉をとおして、当時のキリシタンたちの息づかいを、彼らの祈りを、キリシタン版を作った人々の仕事ぶりを、私たちにつたえる貴重な遺産となった。

活字の製造

一般のキリシタンも読むことができる本をつくるために、日本語の活字(国字)が必要だった。そこでまず木製活字をつくり、鋳造技術を要する金属製活字もつくった。漢字と仮名の金属製活字用に各2000文字の字父・字母がつくられ、さらに、ゴシック、イタリックのローマ字もつくったという。

海外から取り寄せなくても、すべて日本でつくることができることに満足してか、メスキータ神父は1599年に日本人の器用さについてローマへ報告している。

国外退去のとき、宣教師たちは、印刷機だけでなく、簡単にはつくれない活字を必死で持ち出しただろうと、日本二十六聖人記念館のレンゾ館長はいう。

どちりいな・きりしたん
Doctrina Christam

キリスト教の教えのことで、キリシタンとはなにか、キリシタンの思想をあらわした信者必修の書。問答形式のわかりやすい文語体で書かれている。ザビエル来日以来40年の経験が積み重ねられ、1591年に国字本、1592年にローマ字本の決定版がでている。

キリシタン版とは

天正遣欧使節によって持ち帰られた印刷機によって、1590年から1614年の国外退去で印刷ができなくなるまで、日本でイエズス会が出版したもの。32点現存する(1点所在不明)。広い意味では、海外で日本での布教のために印刷されたものも入る。

参考文献 『日本キリスト教史』五野井隆史(吉川弘文館)
　　　　　『岩波キリスト教辞典』大貫隆、宮本久雄、名取四郎、百瀬文晃編(岩波書店)
　　　　　『日本キリスト教歴史大事典』日本キリスト教歴史大事典編集委員会(教文館)
　　　　　『改訂増補　加津佐郷土史』加津佐町　『長崎のキリシタン学校』長崎県教育委員会

ドラードとロヨラ
天正遣欧使節とともに海を渡った諫早の2人

どちらも日本名はわからないが、諫早の人。天正遣欧使節に同行した若者で、四少年に並ぶほどのたしかな功績を残した。

日本に西洋活版を伝えたドラード

コンスタンチノ・ドラード像
〈諫早市立諫早図書館蔵〉Ｗ

コンスタンチノ・ドラードは、日本人ではじめて活版印刷をおこなった人で、『原マルチノの演説』の表紙には、「日本人であるコンスタンチノ・ドラード発行す」と記されている。フロイス著といわれる『九州三侯遣欧使節行記』では、「好奇心が強く、ポルトガル文を良く書く者」として記され、彼の旅行中の詳細なメモが使節記に利用されている。帰国後は、語学力をいかしてヴァリニャーノの秘書をつとめ、徳川幕府の禁教令でマカオに渡ってから、のちマラッカで司祭となり、マカオのセミナリヨの院長にまでなった。

わが国の近代印刷の祖として知られる長崎の本木昌造の活躍より、はるかむかしに活版印刷が華開いた時代に生きた人だった。

天正遣欧使節の影の立役者ロヨラ

ジョルジェ・デ・ロヨラは、1580年にイエズス会に受け入れられた。天正遣欧使節の少年たちが日本語を忘れないための教育係として随行員に選ばれたが、ラテン語が得意だったので、大友、有馬、大村氏の書状をフェリペ2世の前で朗読した。また、ロヨラのラテン語力を認めたエヴォラの大司教は、帰国途中の彼を副助祭に叙階した。

彼は、ドラードとともに印刷技術を習得し、デ・サンデ編の使節の対話録の日本語訳もするはずだったが、マカオで亡くなった。まだ、30歳前後という若さだった。

エヴォラ大聖堂
ロヨラは、ここで大司教から副助祭に叙階された。①

セミナリヨの遺産＜科学技術＞
第5章 江戸時代の科学知識に影響

自然法則のなかに真理を探究するイエズス会の科学的精神は、日本人の知識欲を刺激した。

生き残ったヨーロッパの科学知識

　宣教師たちは、神を説明するのに、天文や暦などの科学的な知識を教えていた。たとえば、長崎の天文学者 小林謙貞の『二儀略説』や、棄教者フェレイラが訳したローマ字文を向井元升がまとめた『乾坤弁説』は、日本語訳した天文学の教科書『天球論』を土台にしたものであるという。

　日本独特の「和算」に影響を与えたのは、宣教師スピノラが「ミヤコのアカデミア」で教えた数学の授業ではないかと、和算研究家の平山諦氏は考えている。

　また、潜伏キリシタンの間につたえられた教会暦（バスチャンの日めくり）も生き残った科学知識のひとつである。

ニコラオの時計技術は、和時計へ

　宣教師ニコラオは、絵画のほかに楽器や時計などの製作も教えた。彼の指導で製作された時計は、教会に飾られるだけでなく、献上品としても喜ばれた。

　長崎の御用時計師 御幡儀右衛門の子孫である平石義男氏によると、長崎のコレジョでつくられていた「ヨーロッパ式和時計」は、禁教令後も、長崎、大坂、名古屋、江戸で公然とつくられ、大名道具として珍重された。長崎のキリシタンの中には、技術をつたえるために信仰を黙認された者もいたという。

橋の欄干の時計
和時計の歴史に長崎は深くかかわることから、出島に近いオランダ橋の欄干には、櫓時計の模型がとりつけられている。Ⓦ

殉教者スピノラ

　スピノラは、大村の鈴田牢に5年間押し込められ、長崎の西坂で殉教したイタリア人宣教師。日本に来る前、マカオのサン・パウロ教会を設計し、1602年、長崎にきて、京都で数学や物理を教えた。1612年、スピノラがおこなった長崎での月蝕の観察と、同時にマカオでおこなわれた観察とで、長崎の緯度経度を割り出した。これは、ヨーロッパにおける日本の基準値となったという。

棄教者フェレイラから向井去来の父へ

　フェレイラは、遠藤周作の『沈黙』の中にも登場するポルトガル人宣教師。長崎の西坂で穴吊りの刑にあい、転んで（棄教して）、仏教徒 沢野忠庵となった。医学に通じていた彼のもとには、弟子が集まった。

　そのひとり、医師 西玄甫をとおして、フェレイラの南蛮医学を学んだのが、俳人向井去来の父、向井玄升。彼は、ポルトガル語も用いた日本で最初の本草書（薬学本）を書いた。

参考文献　『九州三侯遣欧使節行記』ルイス・フロイス原著、岡本良知訳（東洋堂）
『日本思想体系 63 近世科學思想 下』（岩波書店）　『ジパング江戸科学史散歩』金子務（河出書房新社）
『吉利支丹洋画序説』岡本良知（昭森社）　『長崎洋学史 続編』古賀十二郎（長崎文献社）

第6章 流浪の神学校の終着駅＜長崎＞ 閉校は、1614年。

　安土（ミヤコ*）のセミナリヨは、庇護者の信長の死や、秀吉の伴天連追放令で移転し、有馬（シモ*）のセミナリヨと合併、その後、島原・長崎を転々と。府内のコレジヨも、島津の侵入や伴天連追放令で、島原・天草などを移転。そして、キリシタン唯一の安息の地となった長崎で、しばらく落ち着いて教育がおこなわれた…

*ヴァリニャーノは、布教区をミヤコ、豊後、シモの3つにわけ、ミヤコとシモに神学校をつくった。

1601年に建てられた被昇天のサンタ・マリア教会がある長崎の岬の風景（現県庁付近）のイメージ図

❽長崎のコレジヨ跡

　コレジヨは教会の敷地内にあった。流転ののち、すべての教育機関が集結し、1614年の禁教令が出されるまで、日本のカトリック教会の中心地として、現県庁一帯は、学問、絵画、印刷などキリシタン文化が華開いた。
※現在の長崎県庁

生月壱部／
ミヤコのセミナリヨ(1587)
シモのセミナリヨ(1587)

生月山田／
コレジヨ、ノビシアード
(1587〜1588)

神の浦／語学校(1592〜1593)

浦上／シモのセミナリヨ(1587)

トードス・オス・サントス／
セミナリヨ、コレジヨ、ノビシアード
(1597〜1598)
セミナリヨ(1612〜1614)

ミゼリコルディア／
シモのセミナリヨ(1587)

長崎／
コレジヨ(1588)
セミナリヨ(1598〜1601)
コレジヨ、ノビシアード(1598〜1614)
画学舎(1603〜1614)
語学校(？〜1614)

❼トードス・オス・サントス教会跡

　長崎に最初に建てられた教会で、西坂での26殉教者の処刑後、有家にあったセミナリヨ、天草にあったノビシアードとコレジヨが移転してきた。しかしすぐに、現在の県庁がある岬の被昇天のサンタ・マリア教会の敷地へ移ることになる。境内には、当時使われていた井戸が残っている。
※夫婦川町の春徳寺境内

❶千々石コレジヨ跡

仏寺があったところに、教会がたち、その後に仏寺が建つという当時の図式からみて、1615（元和1）年に建立の専照寺が、イエズス会の記録にあるコレジヨ跡ではないかといわれている。堂々とした古びた山門が当時をしのばせる。Ⓚ
※千々石第一小学校裏

❷有家セミナリヨ跡

セミナリヨは、火災にあった八良尾から有家のコレジヨ跡に移転し、西坂での26殉教者の処刑後の禁教令で、長崎へ移ったといわれる。有家駅近くの国道沿いにキリシタン墓碑といっしょにセミナリヨ跡の表示がある。Ⓦ
※有家駅下（島鉄バス）からすぐ

❸有馬セミナリヨ跡

3回開校。第1、2の場所は日本の資料がなく、第3の場所だけ、日本の古地図と宣教師の報告書などによって考証が可能だった。
※北有馬駅（島原鉄道）から徒歩15分

坂口／
語学校（1591～1592、1593～1597）

大村／
ノビシアード（1589～1591）
語学校（1590～1591）

千々石／コレジヨ（1588）

八良尾／
セミナリヨ（1588～1589、1591～1595）
画学舎（1593～1595）

有家／
コレジヨ（1588～1590）
ノビシアード（1588）
セミナリヨ（1595～1597）
画学舎（1595～1601）

有馬／
シモのセミナリヨ（1580～1587）
合併後のセミナリヨ（1587～1588、1601～1612）
画学舎（1601～1603）

加津佐／
セミナリヨ（1588～1591）
コレジヨ（1590～1591）

❹八良尾セミナリヨ跡

海辺の北有馬の町から人目をさけるように山の奥へと、入り込んでいる。キリシタンの村だったこの地は、宣教師の隠れ場所になったところで、セミナリヨ跡には、キリシタン墓碑がある。Ⓦ
※雲仙グリーンロードの八良尾橋と有馬セミナリヨ大橋の間

❺加津佐コレジヨ跡

小高い愛宕山の中腹の「天辺」というところに、コレジヨ跡の案内がある。ここで、日本で最初の活版印刷がおこなわれた。眼前に岩戸山が浮かぶように見える。Ⓚ
※JA加津佐支店の近く

❻坂口語学校跡

まったく習慣の違う日本で布教活動をする宣教師たちのためにつくった学校で、キリシタン大名大村純忠の別邸だった坂口の館にあった。ここは、純忠の終焉の地でもある。Ⓦ
※国道444号と長崎道が交差するところに公園がある

参考文献　「長崎のキリシタン学校」長崎県教育委員会
「「有馬のセミナリヨ」関係資料集」北有馬町

有馬近辺の
キリシタン
史跡を歩く

❷南有馬 原城跡　有馬氏の転封ののち廃城となったが、1637年におきた「島原の乱」の舞台となる。Ⓦ
※原城前（島鉄バス）から車5分

キリシタン大名有馬氏のもと、華やかでエキゾチックなキリシタン文化が華開いた時代があった。その後、人々が命をかけた戦いもあった。南島原市に残された遺跡がものがたる話に耳をかたむけてみよう。

❶南有馬 吉川キリシタン墓碑　樽を横たえたような形のキリシタン墓碑で、形状としては全国でも数少ない貴重なもの。（同所には、ほかに無紋無銘のキリシタン墓碑が一基ある。）Ⓚ
※吉川小学校前（島鉄バス）横の吉川共同墓地内

❸有家 キリシタン史跡公園　「島原の乱後350年忌」に、近隣のキリシタン墓碑を集めてつくられた公園。「慶長十二（1607）年丁未類子 三月二十四日」と刻まれたルイスという洗礼名の男性のキリシタン墓碑などがある。Ⓦ
※桜馬場（島鉄バス）から500m

❸北有馬 願心寺（台雲寺跡） 願心寺は、もともと有馬氏の菩提寺 台雲寺であったことが、発掘された自然石の板碑からわかった。1585年につくられたというミゼリコルディア（慈悲）の教会は、ここにあったらしい。Ⓚ
※轟川（島鉄バス）よりすぐ

❹北有馬 日野江城跡 南北朝時代に築かれたといわれる領主有馬氏の居城跡。松倉重政が島原城をつくるとき、堀の石をもっていったといわれている。Ⓚ
※北有馬駅（島原鉄道）より車で5分

❺北有馬 日野江海橋柱跡 日野江城と原城の間に、橋がかけられていたという言い伝えがある。昔々、2kmの長さの架橋は不可能だとは思うが、入江をまたぐ大橋を想像してみるのもおもしろい。Ⓚ
※写真は、日野江城跡東側の大手川 橋口（島鉄バス）付近

❼西有家 キリシタン墓碑 ローマ字による碑文が刻まれたキリシタン墓碑としては日本最古で、1929年に出土した。たくさんある墓碑のなかで、ひときわ高い白い十字架が目印。Ⓦ
※向（島鉄バス）横の共同墓地内

❻北有馬 西田平キリシタン墓碑 「慶長拾五年（1610年）るしや 生年二十歳 拾一月十七日」と刻まれたキリシタン墓碑。「ジョウロウ様の墓」という言い伝えがあり、有馬家ゆかりの女性の墓だといわれている。Ⓚ
※日野江城跡の大手門入口を左手にして登る

参考文献　『長崎県の文化財』長崎県教育委員会
　　　　　『「有馬のセミナリヨ」関係資料集』北有馬町
　　　　　『街道をゆく 17 島原半島・天草の諸道』司馬遼太郎（朝日新聞社）

天正遣欧使節と、ゆっくり散策
史料館めぐり

町の人々の生活とともにある博物館や史料館。施設のある場所、中にある資料…
すべてが、《長崎学》を楽しむ空間です。

長崎歴史文化博物館

秘蔵の南蛮文化遺産が満載！

■所在地／長崎市立山1-1-1　☎／095-818-8366

■開　館／4月～11月 8:30～19:00　12月～3月 8:30～18:00
　　　　　（休館:第1,3月曜、祝日の場合は翌日）

2005年にオープンした長崎の新名所。長崎の歴史を実感できる貴重な資料48,000点を公開する＜歴史文化展示ゾーン＞、立山役所の一部を忠実に復元した＜長崎奉行所ゾーン＞がある。天正遣欧使節が生きていた時代の南蛮屏風など、キリシタン時代を物語る史料も多い。

日本二十六聖人記念館

殉教の日本キリシタン史を語る

■所在地／長崎市西坂町7-8　■☎／095-822-6000

■開館／9:00～17:00（休館：年末年始のみ）

　記念館は、殉教地 西坂が史跡に指定されたとき、記念碑と同時に建てられた建物。ザビエルの書簡や天正遣欧使節がグレゴリウス13世に謁見したときの枢機卿会議の記録、セミナリヨで学んだ人が描いたと思われる「雪のサンタマリア像」、殉教者の遺骨ほか、日本のキリシタン史を数々の史料で克明に語る。

大村市歴史資料館

**大村のキリシタン史と
天正遣欧使節の歴史が学べる**

■所在地／大村市東本町481 ミライon1階

■☎／0957-48-5050

■開館／10:00-18:00（休館:月曜、毎月末、年末年始）

ミライonの1階にある大村市の博物館。常設展示室では天正遣欧使節の関連資料を、シアターではローマ教皇謁見までの物語を紹介している。また、日欧交渉史の研究者、松田毅一氏旧所蔵の「松田毅一南蛮文庫」には、ルイス・フロイス「日本史」の複写版などを所蔵している。

諫早市立諫早図書館
印刷の祖ドラード像が佇む

■所在地／諫早市東小路町6-30
■☎／0957-23-4946 ■開館／10:00〜19:00 土・日
曜は17:00まで（休館：月曜、平日の祝日、第3木曜、
年末年始）

図書館は、諫早氏が治めていた
城下町の一角にある。水路沿い
に懐かしい町の匂いを味わえる。

南島原市加津佐図書館
日本の活版印刷はこの地ではじまる

■所在地／南島原市加津佐町己3392
■☎／0957-73-6787 ■開館／10:00〜18:00
12:00〜20:00（木曜）（休館：火曜、祝日、月末最終金曜日、
年末年始）

使節が持ち帰った印刷機の復元
機を展示。近くに、キリシタン
による仏教徒への迫害がおきた
岩戸山の島が浮かぶ。

口之津歴史民俗資料館
巡察師ヴァリニャーノの日本上陸地

■所在地／（本館）南島原市口之津丙4358-6、
　　　　　（分館）南島原市口之津甲16-7
■☎／0957-73-6773
■開館／9:00〜17:00（休館：月曜、年末年始）

本館では、南蛮船の来航や、石炭
積出港として繁栄の歴史をもつ
口之津を紹介。分館は、長崎税関
口之津支署庁舎跡を活用。

西海市西海歴史民俗資料館図書室
ジュリアンとフロイスが待っている

■所在地／西海市西海町黒口郷488-1
■☎／0959-37-0234 ■開館／10:00〜18:00（平日）
9:00〜17:00（土日）（休館：月曜＜祝日の場合は火曜＞祝日、
年末年始）

郷土の偉人中浦ジュリアンと地元
横瀬浦港でおこなわれた南蛮貿易
などを紹介するコーナーがある。

南島原市ありえコレジヨホール
400年前の遺産を復元

■所在地／南島原市有家町山川131-1
■☎／0957-73-6736　■開館／8:30〜17:00（休館：
年末年始）※見学希望者は、1階受付へ

1597年に有家のセミナリヨで
制作、1869年にマニラで発見さ
れた銅版画の復元過程、復元版
などを見学できる。

中浦ジュリアン記念公園
殉教者の生誕地

■所在地／西海市西海町中浦郷2048
■開館／9:00〜17:00 ■問合せ先／西海市教育委員会
☎0959-37-0079

1階展示室には、ジュリアンの生
涯を描いた壁画がある。屋上には、
ローマを指さすジュリアン像がた
つ。

横瀬浦公園体験学習棟展示室
使節記の執筆者フロイスの日本上陸地

■所在地／西海市西海町横瀬郷■開館／体験学習棟
9:00〜17:00■問合せ先／西海市ふるさと資源推進課
☎0959-37-0064

日本に関する報告や天正遣欧
使節記を書いた宣教師ルイス・
フロイスの紹介など、南蛮船来
航の歴史を展示。

※休館日など、変更がある場合もあるので、確認のうえご来館ください。

『旅する長崎学2』おもな登場人物 (50音順)

大友宗麟

ヴァリニャーノ

新井白石(1657～1725) P.11

6、7代将軍に仕え、江戸幕府を補佐した朱子学者。1708年、日本に潜入し捕えられた宣教師シドッチを小石川切支丹屋敷で尋問し、西洋事情を紹介する「西洋紀聞」などを書いた。天正遣欧使節のことについても記している。

有馬鎮貴(しげたか)(晴信)(1561頃～1612) P.6/P.17/P.20/P.37ほか

肥前有馬をおさめた領主。1580年に洗礼をうけ、セミナリヨなどをつくる敷地を提供し、天正遣欧使節を派遣した大名のひとりとなる。禁教令後、旧領地獲得のための収賄から、甲斐でキリシタンとして斬首される(岡本大八事件)。

ヴァリニャーノ(Alessandro Valignano 1539～1606) P.14/P.20/P.26/P.38ほか

イエズス会の東インド巡察師。3度、日本を訪れ、織田信長や豊臣秀吉と謁見。日本の布教方針を検討し、教育、財政の面の強化をはかり、神学校の設立や天正遣欧使節の派遣をおこなう。マカオで没する。

大友宗麟(1530～87) P.6/P.15/P.17/P.19

北九州6ヵ国をおさめた領主。1578年にキリシタンとなるが、同年、島津に耳川の戦いで破れ、勢いを失う。しかし、領地を、九州のキリシタン文化の中心として栄えさせた。伊東マンショは、宗麟の名代としてローマへ行く。

大村純忠(1533～87) P.6/P.15/P.17/P.20

大村を本拠地に大村湾周辺をおさめた領主。1563年、洗礼を受け、日本で最初のキリシタン大名となる。1570年、長崎を開港。領民を集団で改宗させ、自身の名代として領内の少年を天正遣欧使節として派遣したが、帰国前に亡くなる。

織田信長(1534～82) P.15/P.18

室町幕府を倒した戦国大名。ヴァリニャーノを厚遇し、南蛮寺や安土のセミナリヨをつくることを許すなど、キリシタンに好意的だったが、天下統一を目前にして、天正遣欧使節が出発した直後、家臣明智光秀の謀反で、本能寺で自刃した。

グレゴリウス13世(Gregorius XIII 在位1572～85) P.6/P.7/P.18

プロテスタントへの対策会議であるトリエント公会議で教皇の法律顧問として参加。ローマ教皇としてカトリックの聖職者を養成するローマ学院の創設など、会議での改革の決議を実行し、イエズス会を支援した。

小林謙貞(1601～83) P.49

キリシタンの林吉左衛門に天文・地理などを学び、自身もキリシタンとして21年間も投獄されていた。しかし、釈放後、長崎奉行にその知識が尊重され、のち、オランダ流の測術術の開祖となって、世界図もつくっている。

後藤宗印(?～1627) P.47

御朱印船船主。後藤貴明の一族で、武雄(佐賀県)から長崎に移住し、長崎の島原町(現在の万才町)の町年寄の家系の初代で、1592年の長崎頭人の総代だった。キリシタンであり、『どちりな・きりしたん』『おらしょの翻訳』『ひいですの経』などを出版。1626年に江戸送りとなって幽閉され、翌年没する。

大村純忠

＊四少年については、本文参照。

ザビエル（Francisco Xavier　1506〜52）　　　　P.14

イエズス会の創設者のひとり。1549年に鹿児島に上陸し、日本にキリスト教を伝えた。翌年、平戸に上陸、布教の保護を求めて京都まで行くが、荒廃した都での天皇や将軍との謁見はかなわず、山口で布教をおこなう。1622年、聖人になる。

シスト5世（SistoV 在位1585〜90）　　　　P.7／P.8

ヴェネツィアの異端審問官を経て、ローマ教皇として、経済、教会行政などの課題に取り組み、国内の治安の秩序を取りもどし、教皇庁の財政を安定させた。ローマの町並みを改造し、サン・ピエトロ大聖堂のドームを完成させている。

スピノラ（Carlos Spinola　1564〜1622）　　　　P.49

イエズス会司祭。1605年から京都にいた間、布教と同時に自然科学を教えた。1612年、月蝕観測をおこない、長崎の緯度経度を測定する。1618年に捕えられ、1622年、西坂で殉教。

ドラード（1567頃〜1620）　　　　P.26／P.48

天正遣欧使節の随行員の一人で、諫早（長崎県）の人。印刷技術を学んで帰り、日本の印刷の祖となる。帰国後、ヴァリニャーノの秘書やセミナリヨでの教師もつとめた。マカオに退去した後、1618年、マカオのセミナリヨの院長となり没する。

コンスタンチノ・ドラード

ニコラオ（Giovanni Nicolao　1560〜1626）　　　　P.43／P.49

祭壇画などを描くために、1583年に日本へ派遣されたイエズス会修道士で、1602年に司祭となった。絵画のほか、彫刻や時計やオルガンの製作を指導した多芸の芸術家だった。1614年まで長崎で活動したが、マカオに退去し、没する。

フェレイラ（Christovão Ferreira 1580頃〜1650）　　　　P.28／P.49

イエズス会司祭。1614年以降も潜伏し、布教していたが、長崎で捕えられ、1633年、西坂で穴吊りの刑をうけ、棄教。沢野忠庵と日本名をなのり、キリシタン詮議に協力する。

ルイス・フロイス

フロイス（Luis Frois　1532〜97）　　　　P.14／P.17／P.39／P.41

イエズス会司祭。ゴアでザビエルから刺激をうけ、1563年に横瀬浦から日本に上陸。文才をいかして、日本を観察したイエズス会への報告書の執筆や『日本史』の編纂をおこなう。二十六聖人の殉教を報告した後、長崎で没する。

ラモン（Pedro Ramon　1549〜1611）　　　　P.19

イエズス会司祭。1580年、ヴァリニャーノによって府内の修練院長に任命される。伴天連追放令で生月島（長崎県）にいたとき、伊東マンショの出自を告発する書簡を書き、物議をかもす。九州各地で布教し、長崎で没する。

教皇グレゴリウス13世

ロヨラ（1562頃〜89）　　　　P.20／P.48

イエズス会修道士で諫早（長崎県）の人。天正遣欧使節の日本語の教育係として随行し、ラテン語の才を認められ、エヴォラで副助祭に叙階。印刷技術を学び、帰国途中、マカオで亡くなる。

教皇シスト5世

参考文献　『日本史小百科　キリシタン』H・チースリク監修／太田淑子編（東京堂出版）
　　　　　　『ローマ教皇歴代誌』高橋正雄監修／P.G.マックスウェル・スチュアート著（創元社）
　　　　　　『岩波キリスト教辞典』（岩波書店）　『近世科學思想 下 日本思想体系(63)』（岩波書店）
　　　　　　『日本キリシタン殉教史』片岡弥吉（時事通信社）

天正遣欧使節に出会う
おすすめ本&CD

『松田毅一著作選集＜新装版＞天正遣欧使節』
松田毅一

■朝文社 ■2001年刊 ■3,299円（税込）

　日欧交渉史の研究の第一人者である著者が、天正遣欧使節の旅程をたどりながら、ルネッサンス時代のヨーロッパで4人が体験した想像を絶するできごとを描く。

『クアトロ・ラガッツィ　天正少年使節と世界帝国』
若桑みどり

■集英社 ■2003年刊 ■3,990円（税込）

　カトリック美術の研究者である著者は、ヴァチカンで「天正少年使節」についての資料を目にしたことがきっかけで、ローマ留学時代の自分自身や、そのときに出会った日本人神学生らと、天正遣欧使節の姿を重ね、4人の少年（quattro ragazzi）の運命や布教時代の日本をひもといた。

『天正少年使節の中浦ジュリアン』
結城了悟

■日本二十六聖人記念館 ■1981年刊 ■800円（税込）

　西坂で処刑され、天正少年使節のなかで唯一の殉教者となった中浦ジュリアンに焦点をあてた。長崎のキリシタン史を研究する著者が、ローマ教皇ヨハネ・パウロ2世が日本を訪れた1981年に書いた本。いつの日か彼が「福者」に列せられることを願って…。

『天正遣欧使節　千々石ミゲルの墓石発見』
大石一久

■長崎文献社　■2005年刊　■1,680円（税込）

　長年、石造物研究をおこなっている著者が、偶然にも出会った墓石は、千々石ミゲルの息子のものと伝えられたものだった。ところがそこに埋葬された人物は、棄教者となり消息不明となっていたミゲル本人とその妻である可能性が高くなり、真相究明に乗り出した。

『ヨーロッパ文化と日本文化』
ルイス・フロイス著、岡田章雄訳注

■岩波書店　■1991年版　■588円（税込）

　1563年に日本に上陸し、日本で没したルイス・フロイスが、1585年に島原の加津佐で書いたもの。日本語を習得し、布教をとおして日本人と接していくなかで見出した西洋人と日本人の違いを、生活・教育・宗教などを面から、徹底的に比較している。

『デ・サンデ天正遣欧使節記　新異国叢書5』
ドゥアルテ・デ・サンデ著、泉井久之助ほか共訳

■雄松堂出版　■1969年刊　■5,250円（税込）

　天正遣欧使節が帰国途中のマカオで滞在している間に、使節の旅行中のメモをもとにヴァリニャーノが編纂し、同僚のデ・サンデにラテン語訳させたものの翻訳版。主に、千々石ミゲルが大村喜前の弟リノ、有馬晴信の弟レオにヨーロッパのことを語る、対話式になっている。

歌と古楽器のよるアンサンブル・エクレジアのCDシリーズ『ザビエル』
波多野睦美（ソプラノ）、
つのだたかし（リュート、ビウエラ）ほか

■女子パウロ会　■1999年　■3,150円（税込）

　ザビエルが、スペインからローマ、そして東洋の布教に旅立つまでの道を、16世紀の音楽でたどる。天正遣欧使節が秀吉の前で演奏したかもしれない「千々の悲しみ」、長崎のコレジヨ刊の「サカラメンタ提要」掲載の聖歌「タントゥム・エルゴ」も含まれる。

天正遣欧使節関連年表			国内・海外年表	
			1563年	大村純忠、受洗（洗礼名ドン・バルトロメオ）
1569年頃	伊東マンショら4人は、このごろ誕生			
			1570年	大村純忠、長崎開港協定を結ぶ
			1571年	長崎に初めてポルトガル船入港
			1578年	大友宗麟、受洗（洗礼名ドン・フランシスコ）
			1579年	ヴァリニャーノ、口之津から日本上陸
1580年	4人は、有馬セミナリヨの第一期生となる		1580年	有馬鎮貴（晴信）、受洗（洗礼名ドン・プロタジオ）
				安土、有馬にセミナリヨ開校
			1581年	スペイン王フェリペ2世、ポルトガル王となる
			1581年	織田信長、ヴァリニャーノに「安土城の図」屏風を贈る
1582年	2月	天正遣欧使節、ヴァリニャーノとともに長崎を出港	1582年	6月 織田信長、死去
	3月	マカオ入港、12月出港		教皇グレゴリウス13世、新暦公布、10月5日を10月15日に変更
1583年	1月	マラッカ入港、2月出港	1583年	10月 コーチンで、ヴァリニャーノ、インド管区長に任命される
	4月	コチン入港		
	10月	コチン出港		
	11月	ゴア入港（ここから新暦で記録）		
	12月	ヴァリニャーノと別れ、ゴアを出港		
1584年	5月	喜望峰を通過		
	8月	リスボン入港、翌日上陸		
	9月	リスボンを出発		
	9月	エヴォラに到着		
	9月	大司教座教会で、伊東マンショと千々石ミゲルはパイプオルガン演奏		
	9月	エヴォラを出発、ヴィラ・ヴィソーザへ到着		
	10月	スペインのマドリードに到着		
	11月	サン・ヘロニモ修道院で、スペイン皇太子の宣誓式に参列		
	11月	フェリペ2世に謁見 エスコリアル宮殿に滞在		
1585年	2月	アリカンテ出港、3月、イタリアのリヴォルノに到着	1585年	
	3月	ピサのトスカーナ大公のヴェッキオ宮殿に滞在		
	3月	ローマ到着		
	3月	教皇グレゴリウス13世に謁見		
	4月	「安土城の図」屏風を教皇に献上		4月 教皇グレゴリウス13世死去
	4月	新教皇シスト5世に謁見		4月 新教皇シスト5世誕生
	5月	新教皇戴冠式に参列		
	5月	新教皇受領式に参列		
	5月	教皇から叙勲、ローマ市からローマ市民権証受領		
	6月	ローマを出発、北イタリアを回り、各地で歓待		
	7月	ヴィチェンツァのオリンピア劇場で観劇		
	9月	再び、フェリペ2世に謁見		
	11月	エヴォラで、大司教により、日本人修道士ロヨラが叙階		
	12月	コインブラに到着、ロヨラやドラードたちは、印刷術の勉強		
1586年	4月	リスボン出港、帰国の途につく		
1587年	5月	ゴアに入港、ヴァリニャーノと再会	1587年	4月 インド副王、豊臣秀吉宛の親書を書く

天正遣欧使節関連年表			国内・海外年表	
1587年	6月	原マルチノ、ヴァリニャーノに感謝の演説	1587年	5月　大村純忠、死去
	10月	ラモン、生月島で天正遣欧使節の告発文を書く		6月　大友宗麟、死去
1588年	4月	インド副王使節ヴァリニャーノとゴアを出港		7月　豊臣秀吉、伴天連追放令発布
	7月	マラッカに入港、7月13日出港		
	8月	マカオに入港、伴天連追放令のことを知る		
	10月	ヴァリニャーノ、「使節対話録」を編纂		
1589年	9月	随行員ロヨラ、死去		
1590年	6月	マカオ出港		
	7月頃	長崎帰港		
1591年	3月	聚楽第で、豊臣秀吉に謁見		
		インド副王の親書を渡す		
	7月	4人は、天草でイエズス会士となる		
			1592年	ヴァリニャーノ、長崎を去り、マカオで2年の滞在、マカオ学院を設立
			1597年	長崎の西坂で、日本二十六聖人殉教
1598年		ヴァリニャーノ、天正遣欧使節について弁明書を書く	1598年	豊臣秀吉死去
1601年		原マルチノ、加藤清正に宣教師の解放交渉	1600年	関ヶ原の戦い
		伊東マンショ、中浦ジュリアンは、マカオに留学		
		このころ、千々石ミゲルは、イエズス会を脱会	1603年	徳川幕府はじまる
1608年		伊東マンショ、原マルチノ、中浦ジュリアンは長崎で司祭となる	1606年	ヴァリニャーノ、マカオで死去
1612年		伊東マンショ、長崎で死去	1612年	岡本大八事件で有馬晴信、賜死
				徳川家康、天領、旗本領、有馬領にキリシタン禁令を発布
1614年		マカオへむかう追放の船に、原マルチノ、ドラードは乗船	1613年	伊達政宗、慶長遣欧使節派遣
		中浦ジュリアンは、船に乗らず、日本に潜伏する	1614年	家康、全国的キリシタン禁令発布
				メスキータ、長崎で死去
				マカオとマニラへむかって、長崎から宣教師国外退去の船がでる
			1616年	徳川家康死去
1620年		ドラード、マカオで死去		
			1622年	元和の大殉教(スピノラ死去)
1629年		原マルチノ、マカオで死去	1629年	このころ、「絵踏み」がはじまる
1633年		千々石ミゲル(清左衛門)死去	1633年	奉書船以外の海外渡航禁止
		中浦ジュリアン、西坂で殉教		
			1634年	長崎出島着工、海外との往来や通商を制限
			1635年	日本人の海外渡航および帰国を全面禁止
			1637年	島原の乱(～38)
			1639年	ポルトガル船の来航を禁止

参考文献　『天正遣欧使節』松田毅一(講談社)　『ローマを見た 天正少年使節』結城了悟(長崎二十六聖人記念館)
『千々石ミゲルの墓石発見』大石一久(長崎文献社)　『日本キリシタン殉教史』片岡弥吉(時事通信社)
『世界史の中の出島』森岡美子(長崎文献社)

『旅する長崎学2』主要地図

度島

生月島

松浦鉄道

松浦市

宇久島

平戸市

小値賀島

平戸島

松浦鉄道

佐世保市

黒島

みなと

西海国立公園

ハウステ
西海パールライン

大島

平島

江島

蠣浦島

中浦ジュリアン生誕地　P.31

西海市

七釜港　P.31

松島

西彼杵半島

小佐々氏墓所　P.30

中通島

新上五島町

戸根 自證寺（大村純忠の娘の菩提寺）　P.25

若松島

奈留島

久賀島

五

島

日本二十六聖人記念館　P.54

五島市

列

長崎歴史文化博物館　P.54

島

トードス・オス・サントス教会跡（現春徳寺）　P.50

福江島

南蛮船来航の地　P.2

岬の教会／長崎コレジヨ跡（旧長崎県庁）　P.50

佐賀県

福岡県

伊万里市

JR筑肥線

武雄市

武雄北方

JR佐世保線

西九州自動車道

武雄南

彼杵

P.27 原マルチノ像（波佐見町総合文化会館）

P.26 陶郷 中尾山

P.51 大村純忠終焉の地（坂口語学校跡）

P.16 天正夢広場

P.54 大村市歴史資料館

P.24 玖島城跡（大村公園）

長崎自動車道

東そのぎ

JR大村線

崎県

村湾

大村市

崎空港

大村

JR長崎本線

P.25 伊木力墓石

有明海

熊本県

長与

諫早市

諫早湾

長崎自動車道

P.55 諫早市立諫早図書館

長崎バイパス

川平

長崎多良見

長崎市

長崎本

雲仙市

島原市

島原鉄道

P.21 千々石海岸

P.20 釜蓋城跡

P.51 千々石コレジヨ跡（現専照寺）

橘湾

島原半島

雲仙

雲仙岳

島原鉄道

島原湾

南島原市

P.52 有家キリシタン史跡公園

P.51 有家セミナリヨ跡

P.53 西有家キリシタン墓碑

八良尾セミナリヨ跡 **P.51**

島原市加津佐図書館 **P.55**

加津佐 岩戸山 **P.24**

加津佐コレジヨ跡 **P.51**

口之津港 **P.15**

吉川キリシタン墓碑 **P.52**

P.53 日野江城跡

P.38/P.51 有馬セミナリヨ跡

P.53 有馬家菩提寺跡（現願心寺）

P.52 原城跡

雲仙天草国立公園

天草市

天草下島

天草上島

【資料提供】 (順不同、敬称略)

■長崎歴史文化博物館　　　　　■長崎純心大学

■長崎県美術館　　　　　　　　■カトリック長崎大司教区

■大村市教育委員会　　　　　　■日本二十六聖人記念館

■南島原市教育委員会　　　　　■京都妙法院

■西海市教育委員会　　　　　　■大分市

■滋賀県安土町　　　　　　　　■西都市

■京都大学附属図書館　　　　　■デイツ

■神戸市立博物館　　　　　　　■大村市松田毅一南蛮文庫

■筑波大学附属中央図書館　　　■上智大学吉利支丹文庫

旅する長崎学2
キリシタン文化II
長崎発ローマ行き、天正の旅

発　行　日	2006年5月29日　初版発行　　2007年1月10日　第2刷発行
	2008年6月1日　第3刷発行　　2012年11月27日　第4刷発行
	2017年7月20日　第5刷発行　　2024年4月1日　第6刷発行

| 企　　　画 | 長崎県 |

| アドバイザー | ながさき歴史発見・発信プロジェクト推進会議(座長：市川森一) |

| 監　　　修 | 五野井隆史　デ・ルカ・レンゾ　片岡瑠美子 |

| 発　行　人 | 片山仁志 |

編集・発行	株式会社　長崎文献社
	〒850-0057　長崎市大黒町3-1-5F
	TEL095-823-5247　FAX 095-823-5252
	URL　https://www.e-bunken.com

本書をお読みになった
ご感想・ご意見をこの
QRコードよりお寄せ
ください。

| 編　集　人 | 堀　憲昭 |

| 構　成・文 | 犬塚明子 |

| デ ザ イ ン | 有限会社　パームスリー(冨田寿正) |

| 印　　　刷 | 株式会社　インテックス |

Ⓒ 2006 Nagasaki Bunkensha,Printed in Japan
ISBN978-4-88851-403-3 C0021

創業寛永元年

SINCE 1624

おいしい笑顔、長崎から。

長崎ちゃんぽん調理例

長崎のお土産に みろくやの 長崎ちゃんぽん・皿うどん

長崎の街で生まれ育った、みろくやの「長崎ちゃんぽん・
皿うどん」。みろくやは、長崎のおいしさを気軽に楽しん
でいただくために独自の製法を重ねました。そして何より
も、長崎の「おもやい」の心を込めています。「おもやい」
とは、長崎の方言で共に分け合うこと、共有すること。
また、ひとつの皿をみんなで仲良く食べ合うという「もやい
箸」という言葉もあり、長崎の良き食文化を表すものです。
長崎の思い出と共におもやいの心を込めて、みろくやの
「長崎ちゃんぽん・皿うどん」をお土産にご利用ください。

みろくやの商品には、写真入りでとても解りや
すい「おいしい作り方」が付いていますので、初
めて作られる方へも安心してお贈りください。

みろくや浜町店・夢彩都店・長崎空港店でお買い求めいただけます。

●浜　町　店／ TEL.095-828-3698　●夢彩都店／ TEL.095-821-3698
●長崎空港店／ TEL.0957-54-3698

NAGASAKI MIROKUYA

その他、百貨店、ホテルニュー長崎内売店、アミュプラザ、土産品店でもお買い求めいただけます。

| みろくや | 検索 |

http://www.mirokuya.co.jp

人の心、物の心を大切に。

長崎の街と共に。

遺品整理・生前整理・終活、
あなたにとって大切な宝石や貴金属など、
無料で査定、買取りさせていただきます。
お気軽にご利用ください。

献上銘菓 カスドース

つたや總本家
創業 文亀二年

文明のあかつきの空
誰が吹くや
開花の角笛

南風をまろく帆にうけ
はるけくも
オランダ船で

いえろっぱ
いまだ知らずも
この皿のこの娯しさよ

甘美にも優雅な香り
伝え来し
つたやカスドース

詞・藤浦洸

　カスドースは、天文12年(1543)の鉄砲伝来に始まったポルトガルとの交流によって伝えられた南蛮菓子のひとつです。松浦家に伝わる江戸時代の『百菓之図』(1848年)にも記録されている、平戸が誇るつたや総本家の代表銘菓であります。卵の風味と上品な甘さをご賞味ください。

平戸蔦屋 本店 按針の館

[住所]〒859-5113
長崎県平戸市木引田町431
[電話]0950-23-8000
[FAX]0950-23-8700
[営業時間]9:00〜19:00
年中無休
[ウェブサイト]
http://www.hirado-tsutaya.jp/

[そのほかの販売店ご案内]
日本橋三越、銀座三越、新宿高島屋、
日本橋長崎館、福岡三越、
アミュプラザ長崎、長崎空港

■平戸名物・牛蒡餅　■かすていら　■花かすていら

[お問合せ・ご注文]
☎0950-23-8000